宮崎靖士

語りかける柳田國男

森話社

語りかける柳田國男　目次

序　章　7

第一章　初期三部作の場合
Ⅰ　はじめに　15／Ⅱ　『後狩詞記』の場合　18
Ⅲ　『遠野物語』の場合　25／Ⅳ　『石神問答』の場合　32
Ⅴ　まとめと意義の考察　40

第二章　『山島民譚集（一）』の場合
Ⅰ　はじめに　55／Ⅱ　諸資料の扱い方の検討　59
Ⅲ　「河童駒引」の検討　63／Ⅳ　「馬蹄石」の検討　71
Ⅴ　まとめと意義の考察　79

第三章　「豆手帖から」「秋風帖」の場合
Ⅰ　はじめに　89／Ⅱ　「紀行文」の展開　94
Ⅲ　「豆手帖から」の表現傾向　97／Ⅳ　「秋風帖」の表現傾向　104
Ⅴ　まとめと意義の考察　112

第四章　「海南小記」の場合
Ⅰ　はじめに　125／Ⅱ　周辺事情の整理　130
Ⅲ　「海南小記」の表現傾向　134／Ⅳ　まとめと意義の考察　146
第五章　『蝸牛考』の場合
Ⅰ　はじめに　165／Ⅱ　各節ごとの要約と基本的な文脈について　168
Ⅲ　もう一つの文脈について　175／Ⅳ　まとめと意義の考察　182
第六章　『先祖の話』の場合
Ⅰ　はじめに　191／Ⅱ　構成の特色について　196
Ⅲ　表現の特色について　204／Ⅳ　同時代状況との関わりについて　212
Ⅴ　まとめと意義の考察　221
終　章　251
あとがき　259／初出一覧　261／書名索引　265／人名索引　269

凡例

一、引用文の漢字は、原則として現行の字体に改めた。仮名遣い・送り仮名は各論における底本のままとした。明らかな誤植・脱字等と判断されるものについては訂正した。ただし、固有名詞など必要と思われる箇所には、旧字体や俗字・異体字などを残した場合がある。振り仮名、傍点・圏点等については適宜取捨選択した。

二、単行本の書名、叢書名、新聞・雑誌名は『』、その他のテキストのタイトルは「」で表記した。

三、本文の引用は「」で括った。ただし、長めの引用については、前後一行空け、二字下げとした。引用や作品以外の「」は強調する箇所でそれぞれ用いた。

四、年号は原則として西暦を用いた。雑誌の巻号については、「〇年〇号」や「〇集」等で表記される雑誌もあるが、本書では「〇巻〇号」で示した。

五、本文中の読み方が難しいと思われる人名や用語、語句等については、適宜振り仮名を付した。複数の読み方がある場合は、そのうちでより一般的と考えられるものを選んだ。

序章

本書では、次の二点を目的とする。第一の目的は、柳田國男（一八七五～一九六二）のテキストに対して表現面の特徴に注目した分析を施し、そこから、発表時の時代状況を背景に抱えた読み手へのはたらきかけを明らかにしていくこと。第二の目的は、そのような検討を積み重ねることで、柳田のテキストに対して表現面からアプローチすることの有効性と可能性を示すことである。それらの目的を達成するために本書では、柳田が残した文章のうち以下に紹介するテキストをとりあげ、特にその文章構成等に注目した検討を施す。そしてそこから、検討対象とした柳田のテキストがもつ機構と特質、更にはそれがもつ意義を論じ、個々のテキストに関する新たな理解も提示していく。そのような作業は、柳田のテキストが発表時にもち得た可能性を浮き彫りにするとともに、更には二〇二〇年代の現代とそれ以降においてもつ可能性までを発掘し得るという見込みをもっている。

柳田國男は、六〇年以上にわたる執筆期間をもつ著作家である。関与したジャンルは多岐にわたり、残された著述は最新の全集で三六巻におよぶ。そしてその著作は一九三〇年代以降に民俗学という一つの学問分野を生み出すとともに、日本における人文社会系の知的営為に広く大きな影響を与えてきた。その範囲は、民俗学をはじめとして、文化人類学、歴史学、思想史学、社会学、農政学、教育学、言語学、文学等の領域にわたるといえる。

更に、柳田に関する評論や研究の方面では、柳田から大きな影響をうけつつ、柳田の著作や活動を対象として独自な解釈や影響力の大きい解説を、学問分野を超えて提示した論者も少なくない。特に代表的な存在としては色川大吉、神島二郎、鶴見和子、橋川文三、吉本隆明、柄谷行人らをあげることができる。それらの著者の評論においては、日本の近代を相対化し得る視点を確保する拠り所として柳田の論説を参照し自らの活動にも取り入れるという共通性が認められた。更に一九九〇年代以降は、柳田の思想や立場について、特に国民国家論の観点から村井紀や子安宣邦を嚆矢とする批判的な考察も重ねられてきた。ただし、そのような批判的検討においても、その基本的な方法は、柳田の著作で述べられている事柄（＝内容）に注目し、任意のテキストから種々の部分をとりあげ、そこに柳田の生活史に関する情報を加味しながら柳田の立場や思想を抽出し、それに批評を加えるものだと概括できる。その一方で表現の分析を一定の数のテキストにわたり一定の方法論のもとで実施し、その結果から書き手が残した仕事の意味や、書き手の「思想」とよび得る要素を表現面の特質と不可分な形で見出していく作業については、いまだ深められる余地をもつといえるのではないか(1)。

また、柳田のテキストの読解を中軸とした先行研究に目を向けると、単行本としてまとめられたものの範囲において、次のような著作があげられる。それは、千葉徳爾『柳田国男を読む』（東京堂出版、一九九一）、福田アジオ『柳田国男の民俗学』（吉川弘文館、一九九二）、赤坂憲雄『柳田国男の読み方――もうひとつの民俗学は可能か』（ちくま新書、筑摩書房、一九九四）、相馬庸郎『柳田国男と文学』（洋々社、一九九四）、酒井卯作『柳田国男と琉球――『海南小記』をよむ』（森話社、二〇一〇）、および石井正己による『全文読破　柳田国男の遠野物語』（三弥井書店、二〇一五）、『全文読破　柳田国男の先祖の話』（三弥井書店、二〇一五）等の注釈作業や、『テクストとしての柳田国男――知の巨人の誕生』（三弥井書店、二〇一五）等である。それらと比較した本書の特色は、以下に記すような、構成論的なアプローチの選択に加えて、その分析結果を同時代状況と併せ見ることで意義付けていく点に求められる(2)。

そこで柳田國男の活動を遡ると、彼は東京帝国大学を卒業し（一九〇〇年）、農商務省から内閣法制局において官吏としての活動をはじめる時期に、一方では「龍土会」や「イプセン会」等を通じて、日本近代文学の基本的な方向性を決定したとされる自然主義文学の中心作家を主導していた。と同時に、その後自らは文学を離れ、「経世済民」という言葉に集約される現実世界に効力をもつ文筆活動を指向しながら文学批判を展開していった表現者でもあった。すると柳田國男に関しては、自らの言葉による現実へのはたらきかけを、自然主義以降の「文学」のメカニズムを十分に理解しつつ、ただしそのような「文学」ではない形で展開した表現者として理解するという視点を確保することが可能になるのではないか。そしてまた、テキストの文章が、著作内容と時代状況、および読み手とが関わりあう現場だと認識するとき、それが影響を与えた領域の幅広さという点で、匹敵する著作家を容易には見つけ難い柳田の論説を、まさに文章の特質という点を中心に検討することは、今日において新たに試みるに足る価値をもつ営みなのではなかろうか。

なお、そのような表現論からの分析を選択する背景としては、論者自身が日本文学研究に携わってきたことによる研究の視点や方法論に従うところが大きい。特に文章を細部にわたるまで検討し、その表現の特質をテキストの意味作用に組み込んで理解しようとする点（形式と内容の相互関連）や、テキストがもつ意義を発表時の時代状況との関わりから見出そうとする点は、論者が日本文学研究に従事する過程で学びつつ培ってきた着眼や発想、そして手続きであるといえる。加えて、柳田のテキストにそのような検討を施す理由としては、柳田のテキストを検討するたびに当初の予見を覆されていく経験を繰り返したことがあげられる。そのような予見には、研究史の成果も反映されているのだが、それらにある程度依拠しつつ読解を進めていく過程で、従来の研究における指摘と正反対、もしくは全く異質なテキストの性格に直面することを多く経験した。そこから、柳田のテキストがもつ複層的な性格を想定し、そのような複層性を包括的にとらえ、そこからテキストの意義を検討できる視点と方法を確立する必要性に思い至った。そのような地点からはじめた模索の結果が、次に具体的に述べる表現論的な、より具体的には構成論とよべるアプローチとなるのである。

　そのような問題意識と検討の背景から、本書では、柳田のテキストに関して「何が書かれているか」ということ以上に、「どのように書かれているか」という点に目を向け、そこからその双方を総合することで、個々のテキストが読み手および時代状況との関わりにおいて発揮し得た効果や意義を見つけ出す作業を行っていく。

　そのうえで、検討対象としたテキストの特徴として、次の点をあげることができる。それは、テキスト中に、章や節もしくは文中の小見出し、あるいは異質な記載の部分が存在し、そのような形で、論説の中に明示的な分節が認められることである。それらは、柳田におけるテキストの構成意識を顕著に示す要素だとも理解できる。本書では、そのような区分のうち、特にテキストの中で相対的に大きな区分を作り出しているそれらを手掛かりとして、そのような区分が果たす機能に注目すると同時に、そこで用意される文章の区分ごとに内容を要約し、そこからその結果を総合することを通じて、テキストの構成や文脈の展開、更には主題等を描き出す作業を重ねていく。そのような方法は、表現分析に着手しようとした際に一見取り付く島もないように思える柳田の文章に関して、分析のための客観的な足場を確保し、そのうえでテキスト全体の方向性や特色をも見逃さないための工夫である。そのような本書のアプローチは、個々の文章の構文分析やレトリック解析をし、その文脈を追いかけるものではなく、かつ、従来の研究史を頼りにテキストの主題を予め見定め、そのうえでそれを実現している文章面の特色を拾い上げていくのでもない――換言するならば、帰納的な検討と演繹的な検討をいずれも単独で行うのではなく、その双方の要素を含み込み、合致させたうえでテキストの特質を解明していくことが可能な――、いわば構成論とよぶべき手法を中軸とするものだといえるだろう。

なお、検討対象となるテキストについては、一九一〇年前後から四五年ころまでに発表されたものから、右のような作業を行うことが可能であり、かつそのことによってテキストがもつ新たな側面や意義を見出せるものをとりあげている。と同時にその選択は、この三〇年以上の時期にわたり、柳田のテキストがもったある傾向や、その中での変遷をある程度浮き彫りにすることまでを企図したものでもある。

以下、本書の各章の概要を紹介する。第一章では、柳田が一九〇九～一〇年にそれぞれ単行本として発表した『後狩詞記《のちのかりことばのき》』『遠野物語』『石神問答』を「初期三部作」と名付け、それらに共通する「編著」としての体裁（構成）に注目した検討を行う。第二章では一九一四年に柳田自らが創設した「甲寅叢書」の一巻として刊行した『山島民譚集（一）』をとりあげ、その複雑な記述展開を追跡する。第三章と第四章では、一九二〇～二一年にかけて『東京朝日新聞』に連載した旅行記を思わせる体裁の文章を検討する。第三章では「豆手帖から」と「秋風帖」をとりあげ、第四章では「海南小記」を扱う。双方に共通した検討のポイントとして、文化全般にわたる「大衆化状況」を前提とし、それとの接点を保ちながら、一つの方向性を共有する多くの断章が提示されていることを確認し、そのことの意義を論じていく。第五章では一九三〇年に刊行された単行本としての『蝸《か》牛考《ぎゅうこう》』に注目し、その論説展開に認められる二つの文脈を明らかにしていく。その作業は、「方言周圏論」の提示にとどまらない論説の性格を解明するものともなる。そして第六章では、一九四六年に出版された『先祖の話』をとりあげ、テキストの構成と表現の側面に注目した分析を行う。具体的には、全八一節にわたる論述の展開を構成論の観点から分析するとともに、個々の文章がもつ性格にも注目していく。

なお、それらの各章に共通する論の展開として、右のようなテキスト分析から見出される特徴をもとに、それと接点をもち得た同時代の状況との接点を見出す作業を行う。そしてそれらの関わり方に着目することから、対象のテキストが同時代的において発揮し得た効果や、もち得た意義を浮き彫りにする検討を重ねていく。

注

（1）柳田のテキストを個別具体的に検討する作業は、個別のテキストを検討の単位、もしくは枠組みとすることが多い日本文学研究の領域において、かつては定期的に試みられてきた。その中心となったのは、『國文學　解釈と教材の研究』や『国文学　解釈と鑑賞』といった月刊研究誌であり、柳田に関する特集が企画されるたびに、文学研究者以外からの寄稿も多く取り込みながら個別のテキストに関する検討が試行されてきた。

（2）個別のテキストに関する先行研究については、以下の各章における検討とあわせて紹介していく。

第一章　初期三部作の場合

Ⅰ　はじめに

「柳田國男」を著者名もしくは編者名として、一九〇九～一〇年にかけて発表された『後狩詞記《のちのかりことばのき》』（私家版、一九〇九年三月）、『遠野物語』（私家版、発売は聚精堂、一九一〇年六月）、『石神問答』（聚精堂、一九一〇年五月）は、これら「三部作を世に出すことで民俗学と後に呼ぶことになる世界に分け入った」[1]テキスト群として従来評されてきた。その一方で、これらのテキストには、「現在」の「日本」で認められる事象をとりあげ、その意義を問いかけようとする共通点が認められる。『後狩詞記』には、自らが紹介する事象について「自働《ママ》車無線電信の文明と併行して、日本国の一地角に規則正しく発生する社会現象」と述べる一節（「序」の「五」）が認められ、『遠野物語』では自身が紹介する伝承が「目前の出来事」「現在の事実」である旨を強調する筆致が確認できる

（序文）。そして『石神問答』には、そこで紹介される「柳田」を発信人とする書簡の中に「目下日韓の交通に関し古史の捜査漸く盛になりかけ候が（中略）彼此共通の点いと多げに候へば　追々思の外の議論も出で可申と存候　小生の書物は出来候はゞ速にさし出可申」という記載（書簡の「三三」）が認められ、その著作がもつ同時代的な課題への関与の可能性が顕示されているのである。

室井康成は、特に『遠野物語』の評価・受容において、柳田における「古代指向」が定説化されてきたことを問題視し、テキスト上にそのような要素は認め難いことと、『遠野物語』の執筆動機が、近代化の障壁となり得る農民層の慣習や心性を表象する点に求められることを述べ、そこにおける現在指向的な性格を指摘している。(2)

そのような事柄をふまえたうえで、本章では、「自然主義文学」が確立し、小説では語り手が自らの見聞を過去における確定した事実として統括的に構成して記述する方法(3)が一般化した段階でなされた、それとは別の形態の「日本語」表現による現実関与の試みとして、右のテキスト群を初期三部作としてとらえ、検討を加えたい。そしてその現実関与の機構の主軸をなすものが、件の三部作に共通する構成面での特色なのである。

果たしてこれらのテキストには、その冒頭に分量的な比重としては小さい「編者」の言葉、もしくはその作業の結果と理解できる部分がある。本章では、これを部分Aとしたい。そしてそれに後続して、分量的にはテキストの大半を占める資料紹介的な部分が認められることになる。これを本章では部分Bとする。そしてそのような二つの部分が連接した構成を、本章ではA＋Bとして表記することにしよう。

そのような構成は、これらのテキストの執筆事情を反映したものとして、さしあたり理解可能なものであろう。即ち『後狩詞記』に関しては、一九〇八年七月における宮崎県椎葉村《しいばそん》探訪を契機とした中瀬淳《すなお》や椎葉徳蔵からの資料提供、『遠野物語』については、同年一一月頃より行われた佐々木喜善《きぜん》からの聞き書き、そして『石神問答』では、一九〇九年九月ころからの山中笑《えむ》、伊能嘉矩《かのり》、佐々木繁（喜善）らとの「石神」をめぐる書簡でのやり取りを通じてテキストが形成されたことが確認されている[4]。

ただし重要なのは、そのような執筆事情があったにせよ、それを構成面での特質にそのまま反映させずに書くこと――例えば部分Aを伴わないBのみの構成を選ぶこと――は可能だったということである。つまり、テキストの成立過程において「編著」であることと、テキスト自体を「編著」の体裁で構成することは、関連性を保ちつつも別の水準で議論することが可能な事柄なのである。そして更に重要なのは、A＋Bの構成が選ばれるときに、部分AとBのそれぞれの内実、および双方の関わり方という点が、テキストの「編者」において任意に設定される要素となり、テキストを理解するうえでの検討項目として浮上する点だといえよう。

そのような立場と視点から、以下本章では、次のような順序で検討を進めていく。まずⅡ～Ⅳでは、件の三部作を個別にとりあげ、部分Aと部分Bを確認し、そこから部分Aがもつ形式上の特性や内容面での傾向を検討する。そのうえで、部分Bの傾向・特色も確認しつつ、両者を対照したときにわかる、AがもつBとの関わり方までを論じていこう。なおそこでは、そのような検討から、三部作の共通性と、それをふまえたうえでの差異を導き出すことまでを目的とする。[5] そのうえでVにおいては、表現面での特質と関わる同時代状況の存在と、それへの関与の位相までを明らかにし、三つのテキストに共通するA＋Bの構成がもつ意義を明らかにしたい。

Ⅱ 『後狩詞記』の場合

『後狩詞記』には、「日向国奈須の山村に於て今も行はるゝ猪狩の故実」という副題が掲げられており、そのような「故実」を紹介することが、このテキストの基本的なモチーフであることが理解できよう。そして従来このテキストは、「柳田国男が著わした民俗学関係でははじめての書」であり、「前半部は狩の民俗を辞典的に書き綴っており、狩猟民俗の資料としての価値はよく知られている。焼畑の語彙も書き留めているほか、狩猟に伴う獲物の所有権争いなどの裁判例も記されており、近代山村の生活誌ともいうべき資料集となっている」と理解されてきた。[6] そのようなテキストにおけるA＋Bの構成を検討していこう。

まず部分Aとしては、「序」、および短歌一首が該当し、部分Bには、「土地の名目」「狩ことば」「狩の作法」「色々の口伝」と、「附録」が含まれる。なおテキスト全体の分量は、全集版で確認すると約四〇頁となり、「序」は、そのうちの約五分の一を占めている。

そこで本章では、部分Aとして「序」をとりあげたい。この「序」は、基本的に一段落ごとに区分され、「一」から「十」の番号が付されている（「九」のみ二段落にわたる）。その番号に従い、それぞれの内容を大まかに抽出してみよう。なおここでは、各段落の冒頭の文を、その内容を方向付けるものとして把握し、まとめの指標としている。

「一」阿蘇の男爵家にある下野《しもの》の狩の絵に関して。神事としての狩に集う様々な階層の人間の楽しげな様子が描かれている。阿蘇の古武士は「生活の趣味」を狩に集中させており、この絵は、その子孫が、狩の慣習が失われた後に懐古して描いたものである。

「二」戦国時代以前の「田舎」に伝来していた狩の魅力について。山田や迫田の地は、獲物を追う面白味から森の奥に入った武士の発見によること。狩による殺生の快楽は酒色の比ではなく、仏道でもやめさせることができなかった。

「三」鉄砲伝来以降の狩の変化について。鉄砲が普及して以降、その手軽さから、下人、落人、雑民、土民等が山の動物を乱獲するようになった。その結果、狩の対象が減少し、遊興としての狩が衰退した。

「四」鹿がもつ狩の対象としてステイタスの高さについて。それは、射当てるうえでの困難さに由来し、鹿は最も多く捕獲され、最も早く減少してきた。

「五」本書が対象とする狩について。それは、椎葉村における鉄砲伝来以降の猪を対象とした狩であり、現在も継続され、年平均四〇〇～五〇〇頭が捕獲されていること。また、本書の成立事情について。その記事が中瀬淳氏からの口述および提供資料によること。

「六」椎葉村の地理、地形について。周囲を峠に囲まれ、かつ水運にも不便な土地であり、平地は非常に少なく、人家の多くは山腹を切り開いたところにあること。

「七」村における主たる生業について。焼畑農業がそれにあたること。わずかな収穫のために大木を立ち枯れにし、焼畑の大敵である猪を防ぐための習俗を今も伝承するような暮らしを、「かくまで今に遠いもの」と慨嘆する。

「八」椎葉村に非常に多い「奈須」という名字について。「ナス」という語は、この村のような山地を言い表す古来の呼称と考えられ、ほかの地方にも認められる。その他の名字では周辺地域の名士に由来するものが多い。

「九」椎葉における鉄砲伝来にまつわる歴史。および家屋の特徴と、そこから想起されるエピソードについて。戦国時代から江戸初期は最も悲惨な乱世であり、地侍と地頭の戦いにも鉄砲が用いられた。また家屋については、奥行きを確保できない地理条件のために横長の構造になっており、新渡戸稲造の説とは合致しない。

「十」本書における依拠資料の公開に関して。猪狩の慣習と作法は村内に共有されているものであり、公開に問題はないと判断した。なお「狩之巻」は村に伝わる「秘事」であり公表をためらったが、既に現在と直接の影響関係をもたない歴史的な遺物と判断し、公開可と判断した。

以上の内容を、大まかにグルーピングしてみよう。すると、まず「一」～「四」は、狩をめぐる歴史について。「五」は、本書の対象、および成立事情について。そして「六」～「九」は、椎葉村に関する情報について。更に「十」は、『後狩詞記』の素材となる二種の資料を公開するうえでの考え方について述べているものとして整理することができるだろう。

一方、部分Bは、基本的に見出し語やトピックを段落の冒頭に提示し、それに対する語釈を続けるという体裁になっている。ここまでが中瀬淳による情報に依拠すると考えられ、更に「編者」からの補足や考察がある場合は、△印が付けられ文章が付け足されている。(7) 例として「土地の名目」から一節を引用しておこう。

一　ニタ。　山腹の湿地に猪が自ら凹所を設け水を湛へたる所を云ふ。猪は夜々来りて此水を飲み。全身を浸して泥土を塗り。近傍の樹木に触れて身を擦る也。故にニタに注意すれば。附近に猪の棲息するや否やを知り得べし。

△編者云。ニタは処によりてはノタともいふか。北原氏話に。信州にてノタを打つと云ふは。猪狩などの夜分此処に来て身を浸すを狙ふなり。（後略）

そのような記述が、「土地の名目」では四一項目、「狩ことば」では三一項目、「狩の作法」では五項目、「色々の口伝」では七項目にわたって記載されており、「附録」となっている「狩之巻」では一〇の小見出しに関して、類似した体裁の記述がなされている(8)。

以上の概略をもつ部分Aを、右のような部分Bと対照するとき何が理解できるか。第一には、部分Bの内容に関わり、その理解を促すうえでの一定の役割（情報提示）を果たし得ていることが理解できる点である。それは、前に確認した「序」における「五」や「十」で本書の狙いや意義について明言する箇所はもちろん、特に、部分Bにおいて大半を占める猪狩に関する語彙やトピックに関して、部分Aの「一」～「四」にある狩の歴史の記述は、部分Bにおける情報の歴史的背景を説明する、導入的な役割を果たし得ていると指摘できるだろう。また「序」の「六」～「九」の情報も、狩に関する背景として同様の役割を果たし得ているだろう。

しかしそれ以上に重要なのは、部分Aの情報がBに対する大まかな導入や背景の提示にとどまっていること。換言するならば、部分AとBで提示される相互の情報の間に緊密な結び付きが認めがたいことなのである。例えばBの内容について、「序」の「一」〜「四」で示されている狩の「二つの時期」やその変遷（鉄砲伝来以前の狩とのつながり）にふれられていた場合、あるいは「六」〜「九」で述べられている椎葉村の諸情報と対応する語彙やトピックが提示され、それらが相互に関連していることがわかるような場合には、部分AとBには緊密な結び付きが生じているといえよう。しかし一旦そのような視点をとるとき、むしろ見えてくるのは、Aで提示されている情報がBにおいて展開されていないこと、あるいはBを理解するうえでの情報が不足していること、つまりAとBとの非対応が際立つことなのである。

例えば「序」の「七」等で問題となっている「焼畑」に関しては、現在の村における主たる生業として猪狩とどのように関連し(9)、村の生産においてどのような比重をもっているのか等について、部分Bにおける語彙やそれへの解釈から推し量ることは困難なのである。更に「序」の「八」や「九」でとりあげられている、椎葉における名字や家の特質についても、以下のBの中に関連する語句や記述は稀にしか登場しない。そのような事態は、「序」の「一」〜「四」、および「六」〜「九」にかけての情報が、椎葉村に関する情報を連想的に並置するものとなっていることを浮き彫りにするものといえよう。

すると、そのような『後狩詞記』は、例えば新渡戸稲造が提唱した「地方《ぢかた》学」(10)の立場とは異質な（もしくは、その前段階にある）ものであることがわかる。もし「地方学」のような議論を指向するのであれば、部分Bに列挙されている「狩」に関する語彙を手掛かりとして、それが伝え語られる村の価値観や歴史を推測し、その意義を明らかにしようとする試みがなされるであろう。そしてそのためには、『後狩詞記』における「序」の「一」〜「四」、および「六」〜「九」における情報を出発点としながら、部分Bにおける情報と、より緊密に関連付ける必要があるといえよう。しかし『後狩詞記』では、部分Aは「序」としての一定の機能は保ちつつ、ただしその後に提示される情報を有機的に組織したり意味付けるには至っていないことがわかるのである。

即ち、このテキストにおける部分AとBの関わり方は、椎葉村における「故実」の紹介を「確実なるオーソリテイ」からの情報によって部分Bで表現し、そこに部分Aは基本的に介入しないものとなっていることがわかるだろう。換言するならば、このテキストは、件の「故実」を、具体的な狩や行事の見聞・体験を通じてではなく、資料の紹介のみで行おうとしているのであり、それは件の情報を語り手に認知・枠付けされたものとして（例えば、「故実」そのもの、あるいはそれに関わりその一端を含むような出来事を「見聞・報告」し、更にはそれに触発された感慨を記すように）表象することの回避としても理解できるだろう。

するとこのテキストにおける構成上の特色は、実際に「狩」についてはは、何一つ実体験していない「編者」が対象を表象することを、その構成において定着している点に求められることになる。自らの目や経験というフィルターを通さずに対象を紹介し、そこへ読み手を導くために一定の背景等の情報のみを提示すること。換言するならば、以降の部分の理解に対する「拘束の少なさ」を特質とする「序」の定着が、このテキストの構成において企てられているといえるのである。

Ⅲ 『遠野物語』の場合

さて『遠野物語』では、Ⅱで検討した『後狩詞記』における部分Aの性格が継承されつつ、しかし新たな性格も認められるようになる点が重要となる。このテキストについては、「岩手県遠野出身の佐々木喜善が口述した事柄を話材として柳田国男がみずからの筆で描いた文語体の口頭伝承百十九を集成した作品[11]」であり、「題材的には、オシラサマ、ザシキワラシなどの神や精霊と人間との交渉、山男や山女、御犬（狼）、猿の経立《ふったち》や河童などと里人との交渉の物語が多く、のちの柳田民俗学の主要な考察対象となった世界が、なまのままここには存在している[12]」と理解されてきた。そしてその冒頭の序文において、そのような物語が（Ⅰでもとりあげたように）「目前の出来事」や「現在の事実」として強調されている点に鑑みるとき、このテキストでは、件の物語内容と、それを伝承する共同体の想像力のありようとの双方の表象が指向されていることが窺われる。

そのようなテキストにおけるA＋Bの構成を確認してみよう。まず部分Aについては、献辞と序文（として理解される部分）と「題目」であり、部分Bは、「一」〜「一一九」の番号を付された断章集成形式の物語である。分量的には、全集版で合計約五五頁となり、部分Aはそのうちの約一〇分の一を占めている。

そのように部分Aには三つの箇所が含まれるが、そのうちの献辞と序文については、従来の文学研究、民俗学研究等において多く論じられてきた。と同時に、その解釈は非常に多様なものとなっている。特に献辞における「外国に在る人々」という語句、および序文にある「山人」への言及や「平地人を戦慄せしめよ」という一節をめぐっては様々な議論が展開されてきた。これらのことはまた、以降の部分Bとの対照からその意味を確定できるほど、献辞や序文と部分Bとが密接に結び付けられていないことを示す事態とも考えられる。また、部分Bの各話の内容を逐一確認していくと、必ずしも「山人」とは直接の関係を認めがたく、「平地人を戦慄」させるとも考えがたい物語も多いことがわかる。本章では、そのような献辞と序文が『後狩詞記』における「序」と同様に、以降の内容に関して一定の導入の役割をもちつつも、それと十全に対応したものではないことを確認するにとどめておこう。

一方本章では、『後狩詞記』の「序」とは異なる性格をもつ部分Aとしての「題目」に注目していきたい。そこでは、各話のテーマ分類が試みられていると理解できる。以下、本章で単に『遠野物語』の部分Aと記す場合は、この「題目」によって代表することとしたい。そしてそのような部分Aは、それ以降の内容に対する索引的な役割を果たすという点で部分Bの内容に積極的に関与することになり、その点が『後狩詞記』における「序」と異質な傾向として注目できる。以下、そのような関与の具体相を検討していこう。

「題目」は、合計で四〇に分割されており、[13] 個々の「題目」には、それに該当する各話の番号が最多で八つまで記載されている。まず注目されるのは、「題目」の各項目を設定する分類の基準である。

それは差しあたり、次のア〜ウのようになろう。

ア、話の中で中心となる神・人・動物等（それ自らが意思をもち行動すると判断できるもの）の名称。ここには、「題目」のうち、「山男」「オクナイサマ」「ザシキワラシ」「狼」「色々の鳥」等が含まれよう。

イ、話の中で中心となる出来事や場所、物等の名称。これには、「地勢」「山の霊異」「小正月の行事」「家の盛衰」「家のさま」等が含まれる。

ウ、話の形式や内容から判断されるジャンル性。これには、「昔々」「歌謡」等が該当する。

ここでわかるのは、右のア〜ウが、相互排他的な分類とはなっていない点である。即ち、右のイは、アでとりあげられる神や人、動物等の行為やそれをめぐる事態の結果としても理解可能なものが多く、また、ウは、アやイとは分類の水準そのものが異質であり、アとイに含まれる全ての話をウの観点から再整理することも可能だといえる。そこで更に、個々の「題目」に振り分けられている各話の番号を逐一確認していくと、一つの話が複数のカテゴリーに分類されている、即ち二重帰属の話が多くあることもわかる。

それを話の番号ごとに紹介していくと次の通りである。「五」の「山男」と「地勢」。「一四」の「オクナイサマ」と「小正月の行事」。「一八」の「ザシキワラシ」と「家の盛衰」。「三三」の「山の霊異」と「花」。「三八」の「狼」と「家の盛衰」。「五二」の「色々の鳥」と「前兆」。「六七」の「館の址」と「地勢」。「六九」の「神の始」と「オシラサマ」。「七四」の「神の始」と「カクラサマ」。「九五」の「魂の行方」と「山の霊異」。「一〇二」の「山の神」と「狐」。「一〇三」の「小正月の行事」と「雪女」といったものである。

これらのうち、「三三」と「六七」、および「六九」「七四」「九五」以外は、右に述べた分類基準におけるアとイを確認するとき、それらの重複として理解できるものであり、そのような重複は、ここにあげられている各話以外に関しても生じ得る事態だといえる。

そして一方では、「題目」におけるいずれの分類にも含まれない話があることもわかる。これは、「四四」「八五」「一〇六」番の各話である。そのような事態を総合的にどのようにとらえるべきなのか。本章ではそれを、『遠野物語』における「題目」の未完成さを示すものとして理解したい。即ちここでは、あえて部分Bの内容を索引的に先取りする体裁の部分Aが用意されながら、しかしそこにおいて分類基準に改善の余地を残していることを、その結果によって生じる二重帰属の存在によって顕著に示しつつ、かつその分類じたいから漏れる話までが残されているのである。それはまた同時に、そのような「題目」を提示する『遠野物語』の「編者」における、対象（＝部分B）の全体的な理解や分節の不十分さを読み手に提示する事態だといえよう。[14]

そこで更に、『遠野物語』における部分AとBの関わり方を視野に入れてみよう。ここでは、話の具体的な内容との照合にまでふみこんだ際に、「題目」の分類に修正の余地があると考えられるものをとりあげたい。例えば、先に二重帰属の例としてあげた「九五」番である。これは「魂の行方」と「山の霊異」に分類されているものであり、本章が先に示した分類基準では、イの観点から二つの名称が付与されているものといえる。この話は「松崎の菊池某と云ふ今年四十三四の男」が、過去に山中で「今までつひに見たることなき美しき大岩」を見つけた際の体験談として語られているのだが、そのさわりの部分は次のような記述となっている。

されどほしさの余之を負ひ、我慢して十間ばかり歩みしが、気の遠くなる位重ければ怪しみを為し、路の旁に之を立て少しくもたれかゝるやうにしたるに、そのまゝ石と共にすつと空中に昇り行く心地したり。雲より上になりたるやうに思ひしが実に明るく清き所にて、あたりに色々の花咲き、しかも何処とも無く大勢の人声聞こえたり。されど石は猶益《マスマス》昇り行き、終には昇り切りたるか、何事も覚えぬやうになりたり。其後過ぎて心付きたる時は、やはり以前の如く不思議の石にもたれたるまゝにてありき。

このような行文に鑑みるとき、「九五」については、先に述べた分類基準のイの観点から、いわば事件の物質的な所以となっている「石」「大岩」等を分類の指標とし、そのような項目を新たに設けることで、より的確に「題目」として再整理することが可能なものだといえるのではないか。

また、その他の話についても、分類基準に関して、先に述べたウをより重視するならば、「題目」において「昔々」「歌謡」に分類されていたもの以外の話を、例えばそれぞれの「事実性」や「現在性」の度合いに応じて、「実話」「伝説」「習俗」のように分けることも可能になろう。例えば、新聞報道との対応が言明されている「四三」（これは、「熊」に分類されている）などは「事実」といった区分を新たに用意し、更に「小正月の行事」等に分類されている各話については「習俗」のような分類を改めて用意することから再整理することも可能といえるのである。

一方で、「題目」ではその区分から漏れている各話についても、やはり分類について改善の余地が認められる。「四四」については「橋野と云ふ村の上なる山」にあった金鉱で関連作業に従事していた者の体験談であり、その中にある「仰向に寝転びて笛を吹きてありしに、小屋の口なる垂孤をかゝぐる者あり。驚きて見れば猿の経立なり」という記述に鑑みるとき、既に「題目」にある「猿の経立」に区分されて然るべきものと考えられよう。また、「一〇六」は、「海岸の山田」で年々観測される「蜃気楼」の記録であり、「常に外国の景色なりと云ふ。見馴れぬ都のさまにして、路上の車馬しげく人の往来眼ざましきばかりなり。年毎に家の形など聊も違ふこと無しと云へり」という行文に注目すると、やはり「題目」にある「まぼろし」に収録されて不都合の生じないものといえよう。そして「八五」については、その中に「柏崎にては両親とも正しく日本人にして白子二人ある家あり。髪も肌も眼も西洋人の通りなり」という行文が認められ、これはその直前にある「八四」（「昔の人」に区分されている）の中に、「嘉永の頃なるべきか。海岸の地には西洋人あまた来往してありき」として「海岸地方には合の子中々多かりし」と述べる一節があることに鑑みるとき、例えば「異国（人）」もしくは「混血」といった項目を新たに設け、そこに分類することもできるのである。

そのように、この「題目」に関しては、各話の内容と照合したときに、より一層テキストの「編者」における全体の見通しの不完全さを喚起するものとなっていることがわかる。果たしてそのような『遠野物語』の「題目」は、読者に、このテキストが多くのテーマ分類にわたる内容を扱っていることを知らせ、そのような観点を保ちつつ各話を読み進めさせ、そこから物語全体を把握する端緒を提供するものであろう。そのような物語全体への関わり方へと読み手を導くうえで、「題目」は一定の指針としての役割を果たすといえる。ただし、そこで更に重要なのは、その「題目」が物語全体の包括的な理解や把握をするうえでは不完全な要素を残すものともなっていること、即ち、部分Bに積極的に関与しつつ、しかし「未完成」な「題目」として配置されていることなのである。

Ⅳ 『石神問答』の場合

そして『石神問答』における部分Aは、Ⅲで論じた『遠野物語』の「題目」がもつ性格を、更に推し進めたものとして理解できることになる。このテキストに関しては、「柳田国男」が先輩、知人等と交わした三四通の書簡を通じて、「シャグジそのほかの石神系統の特性や民間における信仰などを主題にして、多岐にわたる石仏や小祠の存在が研究上きわめて有要であること、伝承や信仰の内に境界をめぐる事柄が顕著で、境に関わる信仰を体現していることを示唆し、さらに仏教や道教の影響などにも言及している」ものとして理解されてきた(15)。

そのようなテキストにおけるA＋Bの構成を確認してみよう。まず部分Aについては、「概要」であり(16)、部分Bは、「一」～「三四」番の書簡となっている(17)。そこで部分Aは次のように記載されている。その冒頭の数行を確認しておこう。各行の下段に記載されている数字は、その話題に該当する頁を示すものであり、その頁表記については初版本に依拠して引用しておきたい。なお、そのような行の中には、該当頁が記されず、「編者」の言葉のみが記されているものも認められる。

シヤグジ、サグジ又はサゴジと称する神あり……………………一、六三、七一

武蔵相模伊豆駿河甲斐遠江三河尾張伊勢志摩飛驒信濃の諸国に亘りてその数百の小祠あり………………………………………七、一四、四四、六一、二七三

シヤグジに由ありと見ゆる地名は一層分布広し……………………二、六

本書の目的は主としてこの神の由来を知るに在り………………五、二四一

そのようにして、合計二一〇行あまりにわたり記される（テキスト全体の分量は全集版で約一三五頁であり、その一〇分の一程度を占める）「概要」を、その中の随所に認められる一行空きの箇所を基準として区分してみよう。するとそれは、全部で一八のパートに分けられる。それに対して本章では、算用数字で「1」〜「18」の番号を付与し、各パートの内容を整理してみたい。なお、そこでは、各パートの冒頭の記述を、そこでの話題を示す手掛かりとして活用し、結尾の文章も次のパートへのつながりを示すものとして重視した。

［1］シャグジ・ザグジ・ザゴジ等の諸国に分布する小祠に祀られた神の存在に関して。本書の目的は、その由来を知ること。シャグジが石神の呉音であるという説に対して。石を祀る祠だけがシャグジと呼ばれているのではないこと。

［2］杓子をオシャモジサマという地方があることについて。シャグジは杓子と唱えられ、杓子は霊仏であったこと。

［3］シャグジと道祖神との関わりについて。道祖神は「塞神《さえのかみ》」または「障神《さえのかみ》」の義であり、道祖の「祖」は元来「阻碍《そがい》」の「阻」であったこと。

［4］道祖神と地蔵尊との関わりについて。サヒノカハラは、両者の起源が一つであったことを示す一例であること。

［5］道祖神と縁結びの神との関わりについて。道祖神には男女二神を神体とする場合があること。更には歓喜天や象頭神との関わりまで。

［6］道祖神と猿田彦神との関わりについて。猿田彦は庚申の神であり、庚申は道教に由来する行路の神であったこと。

［7］ミサキの神について。猿田彦と同じく、辺境を守る神と考えられる。

［8］道饗祭《みちのあえのまつり》について。元来は邪神の侵入を防ぐためのものであり、後に御霊会《ごりょうえ》となった。更には御霊社とアラヒトガミとの関わりまで。

「9」荒神《こうじん》について。全国に多く祠が分布し、古くから正史に登場する。「八方神」としてのものが多い。

「10」山神の由来に関して。狩人・樵夫・石切・金掘の徒や、新たに山中を開拓した者が祀り、平安を祈願したもの。

「11」姥神について。これも山中の神であり、巫女が居住した痕跡と考えられる。更には、姥石と塚の風習について。塚は石垣の代用と考えられる。

「12」十三塚について。多くは村の境に築かれている。一の大塚と十二の小塚となっているものが多く、地鎮を目的とすると思われるが、なぜ十三なのかは不明。

「13」左義長《さぎちょう》の壇に関して。その壇は厄神塚《やくじんづか》に似ており、公家の左義長には巫女の一種である唱門師が関わる。厄神塚は御霊会の山と鉾の先型である。また、多くの森は塚や壇の遺址と考えられる。

「14」道教の渡来の古さに関して。神道、仏教よりも古く、それらと習合しつつ断片的な信仰となりながら各地に伝承されている。

「15」蕃神信仰について。古来からの巫女の活動を基盤とし、道教に由来すると考えられる。大年神の中の十六の御子神は各種の信仰の集合。大年神は大歳と考えられる。

「16」大歳の信仰と八王子の神との関連について。両者が合流したのは「八」という数にまつわる思想に由来すること。なおその中でも大将軍は孤立した特色をもち、それは閉塞を司るソコの神、辺境の神である点に由来する。

「17」「塞」の読み方について。古来からのソコ、サキ、サク等の読みは、アイヌ語や各地の地名にも類例があり、いずれも境界の意味をもつ。また、各地にある「障子」や「精進」等も同じ意味であること。

「18」結論。小祠に祀られた神は、「わが民族」の建国以前からの「四境の不安」に備えた境界鎮守の神であり、シャクジは石神の呉音ではない。ただし、石を神体とし、境を定める習慣は永く続いているので、それを「石神」とすることは問題ないといえる。


以上のような「概要」は、「1」で提示されている本来の目的としてのシャグジ等と呼ばれる小祠の神の由来に関わる多様なトピックが、以下の往復書簡中のどこでとりあげられているかを示す点で、読解の指針、および一種の索引の役割を果たしているといえよう。ただしそれは、その分量において端的な記述ではなく、かつその記述が書簡の順序とは無関係なものとなっており、往復書簡における話題の展開を縮約的に再現したものではないこともわかる。

すると件の「概要」は、以降の部分Bに関する、「編者」による何らかの視点や狙いに基づく再構成の試みとして理解できるようになるだろう。その視点や狙いについては、本章が先に付した番号に従い、次のような各パート間の関連を辿ることから差し当たり次のようなものとして見出されよう。まず「1」は問題設定であり、「2」と「3」はシャグジに直接関連する二つの要素にふれているといえる。その中でも主要なものは「3」とされ、今度は道祖神の由来を理解するための要素として「4」～「6」が提示される。その中でもその後の展開で重視されるのは「6」であり、その行路神としての性格は「7」において辺境を守る神として見直されつつ、辺境の神の多様性を示す例として「8」～「11」が位置付けられる。そこで更にそれら辺境を守る神の信仰が何に由来するかという観点から、「11」で提示される塚の信仰を手掛かりとし、「12」「13」では石の神体よりも簡易な祭祀の姿を検討しながら、それらが道教に由来することを「14」で明らかにしていく。なお、道教は仏教、神道と習合して様々な要素との関連から伝えられてきたものであることを、次の「15」「16」でその具体例とともに明らかにし、「16」でとりあげる大将軍神が辺境の神であることから、「8」～「11」でとりあげた問題系と合流し、「17」ではそれらの神に関する名称の多くが、ともに境界の表現に由来することを論じ、「18」においてシャグジの由来にまで辿り着かせながら、その信仰の由来を明らかにしている、というものである。

　すると、この「概要」で提示されようとしている論旨は、道祖神、辺境・境界の神、道教という大きな三つの論点に集約されつつ、シャグジ等と呼ばれる小祠の神の由来を知るために三つの論点を段階的にさかのぼりながら、関連する項目の位置付けを述べていくものとしてまとめられよう。

そこで次には、そのような部分Aと部分Bの関わり方を視野に入れてみよう。すると右のような「概要」による論旨の再構成は、往復書簡の内容のうち、再構成によって排除もしくは軽視された要素をむしろ際立たせる契機となり得ることがわかるのである。

まず第一には、分量的な面から指摘できることとして、往復書簡のうち、「柳田」以外の論者から提示された説をとりあげている割合が非常に低いことが注目される。例えば、「概要」の中で対応を示されている頁は二五〇箇所あまりに及ぶが、そのうち「柳田」以外から発信された（即ち「柳田」以外の説が述べられ得る）書簡に該当する頁は二五箇所程度にとどまる。(18) そしてそのような分量面での「柳田」以外の論者の説の少なさは、「概要」の内容面にも影響を及ぼすことになる。

そのような次第を、例えば往復書簡のうち四分の一以上の数を占める山中笑からの書簡に注目して確認しておこう。その一つである「一八」番には、将軍・勝軍地蔵の由来に関して、「現に芝の愛宕山の本地亦此地蔵尊にて　武家の帰依最深く候ひき　本来女体の摩利支天がいつとなく男体に変ぜしと同様　勝軍の名はまことに時代の要求に応ぜしものなるべく候　左様に存じ居候故勝軍、将軍は共にあて字にて語の意味は外に在るべしとの貴説何とも申分け兼ね候」という留保的な見解が認められる。それに対し、「概要」の中では、本章が付したパート番号の「16」の中で「大将軍は閉塞を掌る神なり」「武家時代に及び文字に基きて之を軍神として崇敬せり」という自説のみが主張され、右の山中笑の指摘にある「摩利支天」の例や、それに基づく時代の要請への対応という要素は、「概要」から遡及することができなくなっていることがわかる。

また書簡の「一九」番と「二五」番でふれられている、「唐土」や「琉球」での信仰との混淆性を視野に入れる山中の見解にも、「編者」は同様の対応を見せている。即ち、『白河燕談』を典拠とする「唐土の賽神会」や『琉球神道記』にある「道祖神」に関する記述（「一九」番）、更には『倭名鈔』にある「佐倍乃加美」に関する記述をとりあげ、「漢土のと本邦のと　或者は慥に其起源異なり祭神同一ならざるも　仏教の本地説と同様に　本邦固有の佐倍乃加美と申すものに道祖を本地仏のやうに同一神とせし事もあるには非ずや　少なくも此の如き信仰を以て崇拝せられしものもあるべく候へば　祭事の如き彼我混淆を来たせしことかと存じ候」と述べる（「二五」番）山中の説に対して「柳田」は、山中笑宛の書簡となる「二〇」番の中で否定的な見解を述べつつ、この間のやりとりについては「概要」からは辿ることが叶わなくなっていることが確認できる。

更には、右に本章が整理したように「概要」の各パート間の関係を把握したときに、そこで主要な論点としては深められていない要素が浮き彫りになる点も指摘できるだろう。即ちそれは、「概要」とは異なり、シャグジ等の神の由来に関して「杓子」「オシヤモジサマ」（「概要」の「2」に該当）との関連に目を向け、また「道祖神」に関しては「地蔵尊」や「縁結びの神」（「概要」の「4」「5」に該当）との関係を重視するような視点である。そして、それにはやはり「柳田」以外から発信された書簡の内容が大きく関与することになる。例えば「オシヤモジサマ」については、

「二」「四」「七」番の山中笑からの書簡の中で大きくとりあげられており、「地蔵尊」「縁結びの神」に関しては、「四」「一八」番の山中笑からの書簡、および「二三」番の書簡中にある佐々木繁の指摘と関わるものであり、「概要」にはそれらが分量および内容の双方にわたって十分に（もしくは公平に）取り込まれてはいないのである。

すると、このような「概要」は、往復書簡における「柳田」以外の論者の見解をも等価に反映した縮約的なものとはなっていないこと、更にはそこで構築されようとしている「編者」の説が、他者の反論を内に含む、あるいはそれを説得的にしりぞけていくという手続きを明示的にとるものではないことが理解できるだろう。そして重要なのは、このテキストでは、部分Aと部分Bを並列させることによって、そのような事態が隠蔽されるのではなく、逆に浮き彫りとなるような機構が用意されている点であり、そのようにして、このテキストの「概要」がもつ、いわば「偏向」した性格が浮上することを見逃してはならないのである。

V　まとめと意義の考察

ここで、ⅡからⅣで検討した各テキストにおける部分AとBとの関わり方を整理してみよう。まず『後狩詞記』では、その「序」が、執筆背景等に関わる一定の情報提供をなすことにとどまる点で、部分Bの理解に対する「拘束の少なさ」をその特質とするものであった。続けて『遠野物語』では、その「題目」が、部分Bの各話を分類するに際して「未完成」なものとなっていた。そして『石神問答』では、その「概要」が、部分Bの往復書簡中の話題に関して索引的な役割を担いつつも、そこに「偏向」を伴う点が特徴的であった。

そこで注目されるのは、右のような三種の傾向が、読み手へのはたらきかけ方という観点からは共通する性格を見出せるものとなっている点なのである。即ち、件の「拘束の少なさ」や「未完成」および「偏向」は、そうであるが故に、読み手に、より的確な部分Aの様態を構想させたり、そのことを通じて部分Bに対する新たな理解を模索させる契機ともなり得るのである。それは、各テキストの部分Bで示されている情報を手掛かりとして、例えば『後狩詞記』では「地方学」的な方向へ議論を深める契機となり、『遠野物語』では各話を包括的に分類できる基準の考察へと読み手を促し、更に『石神問答』では「編者」とは異質なシャグジ等に関する認識を構築する端緒となり得るのではなかろうか。そして仮に、件の三部作における部分Aが、部分Bの内容を的確に紹介・縮約しており、再考の必要性を喚起しないものであった場合、そこに読み手が関与し、より適切な理解を模索するようになる契機はむしろ失われてしまうといえるだろう。するとそのような部分Aの特質は、「編者」が提示する情報によってテキストの理解を完結させるものではなく、個々の読み手の参加を促し、そのつどテキストの理解を完成させていくような、意味生成機構の要点として理解できるようになるのである。

そのようにして、件の三部作における部分AとBとの関わり方から積極的な側面を見出したときに、次に必要となるのは、あえてそのような機構を用意し、テキストの意味や全体像の把握に関して読者に能動的な参与を促そうとする必然性と意義を考察することになるだろう。そしてそれは、テキストが主題的にとりあげる事象が担い得た同時代的な意義から考察することができるのではないか。本章ではそれを、次のような視点から行うことで議論を締め括りたい。

注目したいのは、件の三部作に関して、いずれも「現在」の「日本」で行われている（都市生活とは）異質な事象に注目する点は共通しつつも、そこでとりあげられる事象がもつ性格について、次のような差異が認められるようになる点なのである。即ち、『後狩詞記』では、椎葉村に伝わる風習を主たる対象とし、いわば村の「内」で完結する伝承・習慣をとりあげていた。それに対し、『遠野物語』では、そのような性格をもちつつも、更に「妖怪」や「超常現象」と呼び得る事柄を伝承する共同体のあり方、即ち、共同体の「内」からとらえた「外」のありよう――想像力や他者認識――という要素が新たに付加されている点が見逃せない。そして『石神問答』では、共同体の「内」と「外」との間における境界作りがまさに中心的な話題となっていた。そのように、『遠野物語』と『石神問答』では、共同体の「内」のみでは完結しない、「外」との関わり方に主眼が置かれた事象が主題的にとりあげられている。そしてそのような変化に伴い、『後狩詞記』のように部分Bの理解に関する「拘束の少なさ」を特色とする部分Aのスタイルから、『遠野物語』や『石神問答』のそれのように、「未完成」もしくは「偏向」という形で部分Bへの積極的な関与を示していくという移行が認められることになるのである。

　そのような事態を、柳田の初期三部作における、共同体がもつ、その「外」への関わり方に対する注目・指向の高まり[19]と、それを表象する際における読み手へのはたらきかけの度合いの高まりとしてとらえてみよう。すると、それに対応する注目されるべき同時代状況として、一九一〇年前後における「海外移民」をめぐる動向が浮上してくるのである。

　これについては、明治初期よりハワイ、およびアメリカ本土、カナダ等への移民がはじめられ、ハワイへの移住者は、一八九四年までに三万人に達し、それ以降も右の地域全体へ年平均一万六〇〇〇人程度の移住が行われたとされている[20]。ただし日露戦争以降、明治末年までの時期において、そのような動向は変化を強いられることになる。例えば、小野一一郎はこの時期を「従来日本移民の主流であったアメリカ移民が一九〇七（明治四〇）年の日米紳士協定、日加協定によって阻止され、移民方向の転進＝あらたな選択を迫られた」タイミングとして把握している。更に小野は、「アメリカにおける排日移民問題の抬《ママ》頭を直接的契機とする移民方向の選択＝転換に関連して展開される三つの日本移民論＝移民思想」として、「満韓移民集中論」「南進論＝熱帯移民論」「南米移民論」を紹介し、特に「満韓移民集中論」では、過剰労働力の排出的機能以上に、植民地における農業生産拡大の意義や軍事的意義が政府方針として強調されたことを述べている。[21]

そのような「海外移民」をめぐる転換期において、まず本章では、アメリカ本土における排日移民問題[22]が、海外移民が移住先で強いられる危機意識を「日本人」の間に顕在化し得た点を重視したい。そのうえで更に、一九〇八年に設立された、東洋拓殖会社の存在とはたらきに目を向けよう。これは、「内地」農民の植民事業を目的とした拓殖会社であり、その設立は、韓国との間に「第三次日韓協約」が調印され（一九〇七年）、韓国の外交および内政権を「日本」が全面的に掌握する時期と重なっている。そこでこの会社は、右に述べた「満韓移民集中論」に基づく政策の実施において、その中軸を担うべき機関として期待されたものであった。[23]

即ち、東洋拓殖会社の設立は、「満韓」という新たな移民先の開拓と経営を見据え、それを大規模かつ計画的に行う国策会社の登場を意味していたのである。しかし同時に、これが設立され「韓国併合」（一九一〇年）を迎えるまでの時期は、「反日義兵闘争」が頻発した時期であり、[24]移民事業の実施は、義兵闘争の鎮静化まで頓挫を強いられることともなった。[25]このような事態も、「海外移民」をめぐる脅威や危機の存在を「日本人」の間に顕在化し得た要因として理解できるだろう。

すると、柳田國男の初期三部作の執筆・発表と並行するように展開していた「海外移民」をめぐる状況とは、海外移住に伴って生じ得る移住民にとっての危機的状況（の可能性）が顕在化する一方で、「満韓」から「熱帯地域」、そして「南米」にまでわたる新たな移住先や、それに関する計画的開発が構想されはじめた時期として整理できるだろう。そのような、「海外移民」をめぐる脅威と可能性が国家的要請とともに浮上する時代状況において必要とされる言説とはどのようなものか。まず考えられるのは、そのような状況に対応すべく、列強各国における海外移民や植民地経営の歴史や実情を先例とし、そこから有益な対策を講じることだと思われる。そのような要請に対応する出版の一例として、江木翼《たすく》が発表した『殖民論策』（聚精堂、一九一〇年六月）をあげることができよう。[26]そこでは、「英国殖民地法制概要」「南亜新憲法草案と加奈太及濠洲連邦の憲法」「突尼斯に於ける領事裁判権撤去と韓国に於ける同問題」「韓国に於ける司法制度に就て」等の章立てがなされ、南アフリカ、カナダ、オーストラリア、チュニジア等でヨーロッパ諸国が行う植民地統治の先例から「韓国」における法制度整備の方向性を探ろうとする姿勢が顕著に確認できる。なお江木は、内閣法制局における柳田國男の先輩格の同僚（一九〇三年三月〜一〇年六月）であり、一〇年六月からは、新設の拓殖局へ異動し、「韓国併合」に関する法整備の実務に従事した人物であった。[27]

それに対し柳田は、江木のような時代的要請に即応した為政者の立場からの実務的著作ではなく、参考事例を「国内」に探り、しかも移住をめぐって生じ得る移住者の現実対応の様相を表象する方向へ、その著作傾向を展開したといえるのではないか。即ち、『遠野物語』から『石神問答』においては、共同体の「内」に視点を据えた「外」との関わり方が主題的にとりあげられるようになり、特に『石神問答』では、日本列島に移住してきた大和民族の祖先が、そこにおいて周囲の脅威にふれ、それに対応すべく行ってきた習慣が主題とされていた。そして重要なのは、柳田のテキストでは、そこに本章が検討したようなＡ＋Ｂの構成が伴われ、そこで表象されるテーマの理解を「編者」の言葉によって完成させるのではなく、それへの読み手の参加が促されていた点なのである。

するとと柳田の試みは、視点を移住者の位置に置き[28]、そこで伝承されてきた習慣や信仰をめぐって、読み手を能動的な、ひいては当事者性をもった読解へと誘導することから、同時代的な課題への関与を可能にするものとして整理できるようになるだろう。[29]それは、柳田における、「現在」の「日本」で行われている「異質」な習慣への関心とそれの表象という研究モチーフの掘り下げが、アクチュアルなテーマへと引き寄せられる形で実現されたものと見立てることができよう。[30]そして、そのようなテキストの試みを可能にした基盤として、初期三部作がもつ「編著」としての構成を見定められるのである。

かくの如き「編著」としての構成は、まずは日本近代文学研究の領域において、語り手における自らが提示する物語内容への関わり方と、読者へのはたらきかけ方という点から、同時期までの「自然主義文学」のスタイル、および表象のスタンスと比較検討される価値をもつ。また、民俗学研究との関連では、「民俗誌」の構成や編纂方法、およびその歴史、あるいは「怪談」をめぐる同時代の言説傾向と対照することで[31]、更にその特質に関する理解を深めることが可能なのではなかろうか。そして、柳田國男の著作傾向の展開に注目する立場からは、初期三部作以降、大正期を通じて、本章が検討したような表象の機構と現実関与の方法が「民俗学」の確立に向けて、どのように展開していくのかを追跡するという観点を得ることができるだろう。そのような作業は、同時代の現実に関して、個別具体的な立場や視点から出発しながら——それゆえの視野の限定をも伴いつつ——、そのうえで社会性を保持した言語表象の可能性を検討する点でも意義をもつものだと考えられる。

注

（1）福田アジオ『日本の民俗学——「野」の学問の二〇〇年』（吉川弘文館、二〇〇九、七三頁）より。

（2）室井康成『柳田国男の民俗学構想』（森話社、二〇一〇）のうち、特に第一章と第二章を参照。

（3）そのような表現の機構を、柄谷行人は、近代小説における語りの「中性化」をめぐる問題として論じている。その成立過程と基本的な性格については、「「日本近代文学の起源」再論　Ⅱ」（『批評空間』二号、一九九一）参照。

（4）執筆事情に関しては、牛島盛光「椎葉」（野村純一ほか編『柳田国男事典』勉誠出版、一九九八、七〇〇〜七〇五頁）、石井正己『遠野物語の誕生』（筑摩書房、二〇〇五、三四〜四九頁）、同「石神問答」（『柳田国男全集　一』筑摩書房、一九九九、七九八〜八〇一頁）を参照。なお本章では、それらから確認できる各テキストの作成が開始された順序を考慮して、刊行順としては『石神問答』の後となる『遠野物語』を、議論の順序として先にとりあげている。

（5）部分Bの内容に関わる詳細な議論は今後の検討課題となる。ただし、三部作の部分Bに共通する傾向として、明確な一貫した論述やストーリーの展開を見出せる記述となっていないことは指摘できる。そのような事態は、本章のⅠでふれている「自然主義文学」とは異質な日本語表現への指向とも、あえて言文一致体を回避した記述を選択した点とともあわせて合致するものといえる。

（6）永松敦「後狩詞記」（福田アジオほか編『日本民俗大辞典　下』吉川弘文館、二〇〇〇、三二七頁）参照。

（7）福田アジオは、そのような記載法に関して「ほとんど解釈を加えず、また他所の類例と安易に比較することもなく、忠実に記録しようとしている」ものであり、「確立期の柳田が指導した資料処理の方法が明確に示されている」ものとして評価している（注1同書、六八〜六九頁参照）。それは、後に「民俗学」において主流となった資料への向き合い方の起源をここに見出す議論と思われる。本章では、そのような柳田の記述が、部分Aとの関連において担う性格に注目している。

（8）件の項目の詳細については以下の通りである。
「土地の名目」ニタ、ガラニタ、ウヂ、セイミ、シクレ、モツコク、ヤゼハラ、ドザレ、ヒラミザコ、ホウバ、スキヤマ、ツチダキ、クネ、マブ、ヨコダヒラ、クモウケ、クザウダヒラ、カマデ、カマサキ、イレソデ、ツクリ、キリ、カタヤマギ、ツチベイギ、ヨホーレギ、マブシ、カクラ、ナカイメ、シリナシヲ、ズリ、ヲダトコ、カモ、ヲタケ、ヲバネ、タヲ、ヒキ、シナトコ、シバトコ、アゲヤマ、サエ、コウマ。

「狩ことば」トギリ、オヒガリ、オヒトホシ、スケ、タテニハ、ホエニハ、九ダイ・三ダイ、クサククミニウツ、ヤタテ、ガナラキ、コウザキ、イリコモリ、セコ、ハヒバラヒ、オコゼ、タマス、クサワキ、ミヅスクヒ、セキ、ギヤウジボネ、イヒガヒボネ、ツルマキ、ソシ、モグラジシ、一ノキレ、ヌリ、オヒサキ、ツナグ、アテ、ヰドモ、ツキヰ。

「狩の作法」猟法、罠猟、ヤマ猟、狩の紛議、裁判例の一二。判士は庄屋殿。又は故役人。

「色々の口伝」飛走中の猪を止まらすること、猪を見ずしてその大小肥瘠を知ること、丸の儘なる猪の肥瘠を知ること、猪の肉量を知ること、銃声を聞きて命中と否とを知ること、弾の数のこと、猟犬を仕込むこと。

「狩之巻」西山小猟師、宍垣の法、椎柴の次第、御水散米の法、小猟師に望の幣、朝鹿の者けぢな祭る事、完草《ウダグサ》返し、掛随、山神祭文猟直しの法、引導。

（9）川野和昭は、柳田がこの書の「序」において焼畑の問題をとりあげながら、「狩猟と焼畑を関連づけて論ずることをしなかった」点を疑問視し、それは「以後の柳田の論点の中にもついに登場することはなかった」ことに注目している（「『後狩詞記』から『遠野物語』への道行き――柳田民俗学の豊饒と不幸」『季刊東北学』二三号、二〇一〇、三七～四二頁参照）。この指摘は、本章の用語における部分AとBの間に緊密な結び付きがないことの傍証ともなるだろう。なお川野論文の眼目は、柳田が焼畑に伴う猪狩にほとんど関心を向けなかった点を、柳田における「稲の栽培耕作」をする民を対象とした民俗学の方向性がこの時点で既に確定していたことを示す事象として指摘する点にある。

（10）その構想については、「土地に直接関係のある農業なり制度なり其他百般のこと」を含む研究であり、具体的な検討項目として、住人の氏名、家屋の建築、村の形状、土地の分画等と並んで、言語・唄があげられ、それらの検討を通じて、それとともに生活してきた住民の歴史を明らかにすることが目指されている（「地方《ぢかた》の研究」『斯民』二巻二号、一九〇七）。なお、郷土会の設立（一〇年）以降までをふまえた新渡戸と柳田の関係については、並松信久「新渡戸稲造における地方（ぢかた）学の構想と展開――農政学から郷土研究へ」（『京都産業大学論集社会科学系列』二八号、二〇一一）を参照。

(11)岩本由輝「遠野物語」(福田アジオほか編『日本民俗大辞典　下』吉川弘文館、二〇〇〇、一九九頁)より。
(12)相馬庸郎「柳田国男」中の「遠野物語」(日本近代文学館編『日本近代文学大事典　三』講談社、一九七七、三九九頁)より。
(13)その名称は以下の通りである。「地勢」「神の始」「里の神」「カクラサマ」「ゴンゲサマ」「家の神」「オクナイサマ」「オシラサマ」「ザシキワラシ」「山の神」「神女」「天狗」「山男」「山女」「山の霊異」「仙人堂」「蝦夷の跡」「塚と森と」「姥神」「館の址」「昔の人」「家のさま」「家の盛衰」「マヨヒガ」「前兆」「魂の行方」「まぼろし」「雪女」「河童」「猿の経立」「猿」「狼」「熊」「狐」「色々の鳥」「花」「小正月の行事」「雨風祭」「昔々」「歌謡」。なお「カクラサマ」「ゴンゲサマ」は、「里の神」のあとに字下げを伴って記載されており、「オクナイサマ」「オシラサマ」「ザシキワラシ」は「家の神」の後に、「マヨヒガ」は「家の盛衰」に続けて同様に記載されている。その点でそれらは小分類とも理解し得るが、本章では、それらについても対応する話の番号が記載されている点を考慮し、同格な項目として扱っている。
(14)ここで参照したいのが「ロジカルシンキング」におけるMECE(ミッシー)という概念である。これは、「ビジネス・コミュニケーション」の領域における「論理的なメッセージを伝えることによって、相手を説得して、自分の思うような反応を相手から引き出す」ための技術の一つである。そこでは、議論を構成する論点や節、項目に関して水準を統一しつつ、対象となる事象を「分類漏れ」と「重複」のない形で網羅することが、説得力をもつ議論のために不可欠であることが示されている。なぜならそのような分類は、それを行う言葉の発信元における、対象の包括的かつ的確な把握・理解から生み出されるものであり、そのような対象の把握・理解に対する信頼が、議論の説得力を形成するからである。そのような議論を参照するとき、『遠野物語』の「題目」がもつ特質は、いわばMECE未満とよぶべきものとして、より明確に把握できるようになるだろう。MECEの基本概念については、照屋華子、岡田恵子『ロジカル・シンキング――論理的な思考と構成のスキル』（東洋経済新報社、二〇〇一）のうち、特に「はじめに」と第三章を参照。より具体的な記述については、照屋華子『ロジカルシンキング練習帳――論理的な考え方と書き方の基本を学ぶ51問』（東洋経済新報社、二〇一八、七九～八〇頁）や、山崎将志『30の「勝負場面」で使いこなす――ロジカル・シンキングの道具箱』（日本実業出版社、二〇〇九、二二～二三頁）等で確認できる。

(15) 田中正明「石神問答」（福田アジオほか編『日本民俗大辞典　上』吉川弘文館、一九九九、八一頁）より。

(16) なお、一九四一年に刊行された再版本では「再刊序」が付されているが、これは部分Bの内容に深く関わらず、執筆背景を回顧的に記すものにとどまっている。なお、初版以来、巻末には「十三塚表」と「現在小祠表」も置かれている。

(17) 部分Bを構成する三四通の書簡における、発信人と宛先は以下の通り。なお、書簡の日付は、明治四二年九月一五日付けから、四三年四月九日付けにまで至る。「一」柳田國男→山中笑、「二」山中笑→柳田國男、「三」柳田國男→山中笑、「四」山中笑→柳田國男、「五」柳田國男→山中笑、「六」柳田國男→和田千吉、「七」山中笑→柳田國男、「八」伊能嘉矩→柳田國男、「九」柳田國男→山中笑、「一〇」柳田國男→白鳥庫吉、「一一」緒方小太郎→柳田國男、「一二」山中笑→柳田國男、「一三」柳田國男→山中笑、「一四」柳田國男→白鳥庫吉、「一五」柳田國男→喜田貞吉、「一六」柳田國男→伊能嘉矩、「一七」柳田國男→山中笑、「一八」山中笑→柳田國男、「一九」山中笑→柳田國男、「二〇」柳田國男→山中笑、「二一」柳田國男→伊能嘉矩、「二二」柳田國男→白鳥庫吉、「二三」佐々木繁→柳田國男、「二四」柳田國男→佐々木繁、「二五」山中笑→柳田國男、「二六」柳田國男→山中笑、「二七」山中笑→柳田國男、「二八」柳田國男→山中笑、「二九」柳田國男→白鳥庫吉、「三〇」柳田國男→佐々木繁、「三二」佐々木繁→柳田國男、「三三」柳田國男→山中笑、「三三」柳田國男→緒方小太郎、「三四」柳田國男→松岡輝夫。

(18) なお、「柳田国男」が発信人となっているのは二三通、逆に宛先となっているのは一二通であり、本文のように該当頁数で比較すると、その不均衡の度合いは更に高まる。注17も参照。

(19) その次第は、特に「天狗の話」(『珍世界』一巻三号、一九〇九)以降の柳田における「山人」への関心の登場と展開を並行的に検討することでより明確になるだろう。一方、『後狩詞記』がもち得た同時代性に関しては、例えば藤井隆至における、『後狩詞記』の意義を、椎葉村の猪狩がもつ「各メンバーの自助と協同を前提」とする「協同組合の精神」の発見とする指摘(『柳田国男――『産業組合』と『遠野物語』のあいだ』〔日本経済評論社、二〇〇八〕のうち、特に第三章参照)が注目される。この問題については、同時代における広義の社会主義的言説の傾向と対照することで検討を深めることが可能と思われる。

(20) 皆川勇一「移民」(相賀徹夫編『日本大百科全書 二』小学館、一九八五、六〇六頁)参照。

(21) 小野一一郎「日本帝国主義と移民論――日露戦後の移民論」(小野一一郎、行沢健三、吉信粛編『世界経済と帝国主義――松井清教授還暦記念』有斐閣、一九七三)より。なお、「満韓移民集中論」がもつ意義については、黒瀬郁二『東洋拓殖会社――日本帝国主義とアジア太平洋』(日本経済評論社、二〇〇三)のうち、特に第一章も併せて参照。

(22) これは、一九〇六~〇七年にかけてのサンフランシスコにおける日本人学童隔離問題に端的に示されるものであり、その後一九〇八年にかけて結ばれた「紳士協定」により、日本政府が移民の送り出しを自主規制することとなった。その概略については、賀川真理『サンフランシスコにおける日本人学童隔離問題』(論創社、一九九九)、および簑原俊洋『排日移民法と日米関係』(岩波書店、二〇〇二)のうち、特に第一章を参照。

(23) 注21にあげた黒瀬著、および大河内一雄『幻の国策会社　東洋拓殖』(日本経済新聞社、一九八二)を参照。

(24) この時期の韓国経営をめぐる歴史的事象については、海野福寿『韓国併合』(岩波新書、岩波書店、一九九五)参照。

(25) 注21にあげた黒瀬著のうち、特に三五頁以下を参照。

(26) その他、注21でとりあげた小野論文では、そのような著作例として、東郷実『日本植民論』(文武堂、一九〇六)、神戸正雄『朝鮮農業移民論』(有斐閣、一九一〇)、竹越与三郎『南国記』(二酉社、一九一〇)、大河平隆光『日本移民論』(文武堂、一九〇五)等が紹介されている。

(27) 内閣法制局百年史編集委員会『内閣法制局百年史』(大蔵省印刷局、一九八五)中の「職員一覧表」、および江木翼君伝記編纂会『江木翼伝』(同編纂会、一九三九、三九〜五七頁)も参照。なお、江木と柳田の関連については、及川和久「柳田国男と「日韓併合」」(後藤総一郎編『柳田国男の「植民地主義」を排す』後藤総一郎/明治大学政治経済学部後藤総一郎ゼミナール、二〇〇〇、七七〜七八頁)に言及がある。

(28) そのような柳田の表現傾向は、「韓国併合」の実施(一九一〇年八月)前後に発表された多くの言説に散見される、「日本」の歴史を参照しつつ、韓国を「併合」するうえでの障壁の低さを、「日本」がもつ文化面での同化力を示す「メルティング・ポット」の比喩を用いて語る議論(小熊英二『単一民族神話の起源――〈日本人〉の自画像の系譜』(新曜社、一九九五)のうち特に第六章を参照)と比較するとき、異質な歴史や習慣をもつ国家や民族を「併合」する際に生じる葛藤や対立に関して、楽観的なとらえ方をしていない点で注目される。ただしその場合、その視点を移住する当事者としての立場におきながら、移住に付随する、先住民に対する加害者性を明確にしていない点で批判されるべき側面をも伴うことになるだろう。

（29）柳田が想定していた読者の範囲・規模と、その変遷・展開をめぐる問題に関しては、『後狩詞記』が五〇部、『遠野物語』が三五〇部の限定出版であったと伝えられる点を勘案しつつ、本書第三、四章で検討する問題をも含めたうえで、今後検討を深めていきたい。

（30）村井紀は、柳田における植民地問題への関わり方について、特に『遠野物語』に登場する「山人」の表象に集約させつつ、「私は柳田の「山人」が植民地から、近代日本の危機的空間から見いだされており、のみならずこの「山人」が作られた〝真意〟は、柳田がその「朝鮮」（「日韓併合」）への関与を隠すためにある、つまりアリバイ作りにあると述べてきている」といった見解を提示している（『新版　南島イデオロギーの発生――柳田国男と植民地主義』岩波現代文庫、岩波書店、二〇〇四、一三七頁より）。それに対し本章では、柳田の著作傾向を同時代の国際情勢を視野に入れつつ把握するという視点を受け継ぎ、ただし具体的にそれを初期三部作における表現傾向と「海外移民」をめぐる同時代の動向に注目することから検討し、本文で述べるような事態の把握に至る点で異なるものとなっている。

（31）この点については、大塚英志『怪談前後――柳田民俗学と自然主義』（角川学芸出版、二〇〇七）が、自然主義文学との関わりを含めた考察を展開している。

第二章　『山島民譚集（一）』の場合

Ⅰ　はじめに

柳田國男は、『山島民譚集（一）』[1]というテキストを残している。これは、一九一四年七月に甲寅叢書刊行所より甲寅叢書の第三巻として書き下ろしで出版され、初版本の分量は約一九五頁。後の研究により「山島」[2]は「日本」、「民譚」は「伝説」を指すとされている[3]。柳田の創作詩を掲げた「小序」に続き、「河童駒引」「馬蹄石」という二つのパートが用意され（分量は各九〇〜一〇〇頁程度）、末尾には「目次」が掲載されている[4]。本文の大半は右の二つのテーマをめぐり、種々の資料を引用しながら検討を展開することに費やされている。

そのような『山島民譚集（一）』は、これまで「民譚」もしくは「伝説」に関する研究書、あるいは資料の集成として概ね把握されてきたといえる。そのことは、『柳田國男事典』中の「伝説」

という項目にある、このテキストに関する「近世の地誌類を博捜して成った柳田の最初の伝説研究の書というべきもの[5]」という記述や、石井正己による、『山島民譚集』を「『遠野物語』を受け止めて、伝説研究を集大成しようとした壮大な実験」とする理解[6]、および小池淳一による、『山島民譚集（一）』を「柳田の伝説研究」の展開における「出発時期の成果」とする評価[7]、更には野本寛一における、このテキストの「資料配列と文章展開」に関する、「大主題の中で、小主題にかかわる事例を連想連鎖的につなぎながら示し、時に小主題にかかわる結論を示しつつ全体として大主題の資料を集成するという形をとる[8]」という指摘等から確認できる。

しかし『山島民譚集（一）』には、研究書や資料集成という枠組みには収まらないであろう、後に本章が検討するような複雑な論述展開が、特殊ともいえる文体ともあわせて用意されており、その点をテキストの狙いと有機的に関連付け得る検討が、このテキストを的確に理解するためには必要だと考える。なお大室幹雄は、『山島民譚集（一）』を柳田の著作における固有信仰の解明という「内容」と、引喩・連想と想像による構成等を特徴とする「表現」の双方の基盤を確立したものとする立場から検討している[9]。それに対して本章では、そのように大正期以降の柳田の文筆展開を基準とし、遡及することで『山島民譚集（一）』の評価を行うのではなく、同時代における伝説をめぐる状況との関連から、このテキストの表現傾向がもつ意義を見定めることを目指したい。

注目しておきたいのは次の二点である。第一には、当時行われた各種の伝説蒐集事業の存在とその背景に目を向けよう。事業の代表例としては、文藝委員会[10]による「神話、伝説、俗謡、俚諺等を蒐集編纂し又は之が注釈字彙等」の作成[11]や、『東京朝日新聞』による「民間伝説及童話募集[12]」がある。斎藤純は、そのような事業を一九一一年に設立された通俗教育調査委員会の活動と並行的にとらえ、「童話や伝説の募集事業が、日露戦争後、にわかに始まりだすこと[13]」に注目している。更に一九一一年に発足した史蹟名勝天然紀念物保存協会の動向をもふまえつつ、その背景を「日露戦争後の工業化や都市化によって史蹟・名勝が破壊の危機に瀕し、また、史蹟・名勝を通じて、「愛国心」や「郷土愛」を持つ国民の育成が要求されるという、政治的・社会的状況[14]」ととらえ、それに対応したものとして、種々の伝説蒐集事業を位置付けている。なお、右の『東京朝日新聞』による蒐集事業に関しては、「日本全国に亙りて民間伝説及び民間童話の蒐集を行ひ適当なる方法を以て之が永久保存の途を講ぜん」、および「今日に於て保存の途を講ずべきもの独り名勝古木古美術建築物等に止まらざる也」という文言があり[15]、右にふれた「史蹟名勝天然紀念物」の保存運動に準じる形で募集を行うスタンスが明白である。

そして第二には、芳賀矢一の動向を中心とした、当時の伝説研究の方向性を確認しておこう。『国文学史十講』(冨山房、一八九九)や『国民性十論』(冨山房、一九〇七)の著者である芳賀は、一八九四年に第一高等学校嘱託となり(翌年教授)、九八年からは東京帝国大学文科大学助教授(一九〇二年より教授)を勤めた。そしてドイツ留学(一九〇〇～〇二年)からの帰国後、「国民伝説史」

「日本国民伝説史」等を講義し、ドイツ文献学の影響をうけた、伝説を含むフォークロアへの関心を明らかにする。[16]その目的は、芳賀のそれ以前からの研究モチーフであり、自らの「日本文献学」の目的でもある「国民の性質の究明」に求められる。[17]芳賀矢一が、文藝委員会の事業の責任者を任された背景[18]にはそのような経緯があり、右の如き伝説へのスタンスは、当時までの、特にアカデミズムにおける伝説への関心の傾向を示すものと理解できよう。[19]そしてその傾向は、伝説蒐集事業における「保存」を旨とする方向性と親和的だともいえる。

以上のような伝説をめぐる状況に対して、『山島民譚集（一）』は、その論述展開の複雑さを通じた差異付けの試みを行っている。[20]果たして柳田は、伝説を「蒐集」「保存」し、そこから「国民の性質の究明」へ至ろうとするのとは異なる、いかなる伝説へのスタンスを提示し得たのか。本章では、『山島民譚集（一）』における論述展開の特色を「論説形態」として述べつつ、その内実を明らかにするとともに、それが右のような伝説をめぐる同時代状況とどのように関連し得るかを解明し、その意義付けを行うことまでを目的とする。以下、Ⅱでは、まずこのテキストの基本的な性格を、諸資料の扱い方の特質から論じ、そのうえでⅢ、Ⅳにおいてそのようなスタンスを基礎とした議論の組み立て方を検討する。そしてⅤにおいて、それらの成果を総合し、改めて伝説をめぐる同時代状況と対照することから、本章の目的を達成したい。

Ⅱ　諸資料の扱い方の検討

『山島民譚集（一）』では、多くの資料が引用されつつ議論が展開されている。その箇所は、次の引用文にあるような、書名を括弧付きで明示されるものの延べ数で、「河童駒引」では約一八〇、「馬蹄石」では約三二〇に及ぶ。(21) まずは、文例として「馬蹄石」から次の一節（本章Ⅳでは「9」節にあたる部分から）をとりあげて、その文体のありようとともに確認しておこう。

神々降臨ノ跡　前ニ駒形ト云フ神ノ名ノ本意ヲ駒ノ足型ニ基ケリト言ヒシガ、此解釈ノ丸々ノ憶説ナラザルコトハ、甲州穴山村ノ駒形石ナド之ヲ証スルニ足レリ。遠江浜名郡竜池村大字八幡ノ八幡社ニ一ノ駒形杉アリ。元亀三年徳川武田合戦ノ折ニ、白衣ノ老翁白馬ニ跨リテ此木ノ梢ヨリ空ニ昇ルト浜松勢ノ眼ニ見エタリ。軍終リテ後杉木ヲ検スルニ、馬蹄ノ跡最モ明白ナリキ〔曳馬拾遺〕。即チ八幡大菩薩ガ未来ノ大将軍ヲ助ケラレタル証拠ナリシナリ。相州足柄上郡岡本村大字駒形新宿ノ駒形権現ハ又足形ノ社トモ称ス。神体ハ地上二尺バカリノ一箇ノ岩ニシテ、其面ニ馬ノ足形アリ。足ヲ煩フ者ノ祈願スル神ナリキ〔新編相模風土記〕。

冒頭のゴシック体の語句は、このテキストで節立ての役目を果たしている章句である。それに続く文面を確認すると、一九四二年に刊行された再版本の「序」で柳田が「明治以前にも決して御手本があつたわけで無い」と自ら評した、漢字片仮名交じりの文語体の一種とおぼしき文章[22]で表記され、『曳馬拾遺』と『新編相模風土記』が出典として示されていることがわかる。なお野本寛一は、『山島民譚集（一）』における多くの引用に関して「本来はまったく無秩序に散在していたメッセージが柳田の手によって整理される[23]」と指摘している。重要なのは、引用に伴う一般的な事態として、様々な資料の引用・列挙が、それらの間に比較を可能とする共通の地盤、もしくは同質的な関係を構築し得る点である。するとここにおける引用は、事実確認的な「整理」にとどまらぬ、その記述以前に関係性は必ずしも存在せず、それ以降に関係性が生じるという意味での、遂行的な諸資料間における関係の構築として理解し直すことができよう。

そのような引用の集積は何を狙いとするものなのか。それを理解するために、右のような事態と並行して認められる、資料の事実性に対するスタンスに注目しよう。見逃せないのは、「河童駒引」における「諸国河童誌ノ矛盾」（本章Ⅲでは「7」節となる）での記述である。そこでは、河童の行状をめぐる記録を列挙・紹介した後に、「サテモ此世ノ中ニ河童ト云フ一物ノ生息スルコトハ既ニ動カスベカラザル事実ナリトスレバ、次デ起ルハ其ノ河童ハ動物ナリヤハタ又鬼神ナリヤト云フ一問題ナリ」のように、その記述内容の真偽や信用性を精査するのではなく、多くの記事に掲載されていることから河童の「生息」を確認し、河童が「動物」か「鬼神」かを問う議論へと展開している。それは、資料の記述内容を、基本的にそのまま受け入れる姿勢と換言できよう。更にそれらの間に認められる見解の相違に関しては、やはり右の引用部から後の箇所において、「而シテ右ノ如キ記述ノ矛盾ヲ解決スルノ方法ハ唯一アルノミ。即チ今迄ノ人ガ河童ナリト認メテ写生シタル物ノ一二又ハ全部ハ正真ノ河童ニテ非ザリシコト是ナリ」と述べ、個々の記録の事実性を確定し、それに依拠するのではなく、「河童」というカテゴリー自体をそれらの記事と矛盾しないように見直している。更に続く「河童ニ異名多シ」の冒頭では「河童トハ本来何物ナルカ。少ナクモ我々ノ多数ハ之ヲ何物ナリト信ジツ、アルカ」のように記されることで、河童の存在は、あくまで多くの記録の存在とそれに対する柳田の解釈によって保証されるのである。

ただし、柳田が常に資料に記載されている事柄の事実性に無頓着だったわけではない。例えば同時期の柳田が執筆した「山人外伝資料」（一九一三年三月から一七年二月まで五回にわたり『郷土研究』に分載）では、「山人」の存在をめぐる資料を多数紹介しつつ、その事実性を判断する基準として言葉を話したか否かという点に注目し、「彼等は仮令日本語を解するにしても不完全に相違ない。又久しい間口舌を働かせぬ者が、突如として横浜のガイドの如く見知らぬ人に話し掛けられるものでもあるまい。仍て物を言つたと云ふ話は虚誕として自分は除外するのである」のような配慮を示していることが確認できる。(24)

すると、資料の事実性に対する関心とは別の、あるいはそれ以上に優先される目的によって『山島民譚集（一）』の表現が構築されている旨が窺われてくるのではないか。その点を理解するための手掛かりとなるのが、蓮實重彦の次の指摘である。蓮實は、大正期に執筆された、文学を中心とする日本の諸言説の特質を分析する中で、「柳田にとっての「伝説」は、実証的な資料と違う一種のアルシーヴなんだ。言説の歴史性を決定するのはそのアルシーヴだという点では、フーコー的なところがある」という発言を残している。[25] ここでいう「アルシーヴ」とは、ミシェル・フーコーにおける「アルケオロジー」（考古学）を形成する主要素であり、これについては「ある社会、ある文化のなかに存在する発言行為の膨大な集積を、フーコーは、アルシーヴと呼ぶ。そして、このアルシーヴの資料を、起源を問うことなく、読みこみ、資料と資料をぶつからせ、資料を横断し、そこに浮かびあがった無意識的な構造を明るみに出すこと、これがアルケオロジーの仕事なのである」とする桜井哲夫の解説がある。[26]

このとき、諸資料における事実との照応を重視する以上に、あくまで語られたもの／記されたものを出発点とし、それらを関わらせることで「歴史」に関わる何事かを記述する試みとしてフーコーの例が存在しており、そのような点において『山島民譚集（一）』における柳田の資料へのスタンスとの間に一定の共通性を見出すことが可能になろう。そして、そこで引用される夥しい資料の間に右に述べたような同質性の遂行的な構築が伴われている点に鑑みるとき、『山島民譚集（一）』

は「民譚」や「伝説」の理解や把握を目的とする研究書もしくは資料集成である以上に、特定の伝説に関する変遷をとりあげ、それをまさに自身の著作によって創出すると同時に、更にその先にある目的のための手段とすることまでを試みるテキストとして理解すべきものとなるのではなかろうか。以下、本章では、そのような観点から議論を展開していく。

Ⅲ 「河童駒引」の検討

柳田國男は、『山島民譚集（一）』の執筆に先立ち、「河童駒引」と「馬蹄石」をも含む「伝説十七種」の腹案を述べている。それが確認できる資料の一つとなる南方熊楠宛の書簡[27]には、自らが論じる予定のそれらの名称を列挙した後に、「これだけを略相互の連絡をとり近世の話三百内外あつめ置くつもりに候いづれ多くは仏経を中間にして西洋にも行きわたりおる話に候はんが小生は専ら日本にて如何なる変形を閲せしかを明にし度く考へをり候」とする記述がある。そこには、資料収集の範囲と議論の対象をあくまで「日本」に限定し、その中での「変形」を辿るという指向が述べられている。

本章では、以下、Ⅲにおいて「河童駒引」を、Ⅳでは「馬蹄石」を検討し、その「変形」（即ち伝説の変遷）に関する記述方法を明らかにする。なお野本寛一は、『山島民譚集（一）』における「資料配列と文章展開」について、本章が「はじめに」でとりあげた指摘を残している。(28) そこにおける「大主題」とは件の論考の題目であり、「小主題」とはそれらの中に認められるいくつかのトピックとして理解できよう。そしてそれらが「連想連鎖的」につながれ、「全体として大主題の資料」が集成されるとする指摘については、論考全体において明確な構成や発展的な論旨の展開が一見して抽出しがたいことを示す見解として継承しておこう。そのうえで本章では、特に右の「小主題」への着眼を手掛かりとして、その論説形態を明らかにしていく。

そのための工夫として本章では、件の二つの論考について、(Ⅱで文例を確認したような) ゴシック体で記載される見出し的な役割を果たす文言を節の見出しとして把握し、その順に算用数字を付しながら、件の見出しを主語もしくは主な話題とした要約を行う。更にそこには、各節でとりあげられている具体例や補足をも適宜取り込むことで、議論の展開を追跡できるようにしたい。全一七節にわたる「河童駒引」の要約は以下の通りとなる。

「1　鷺之湯鶴之湯鹿之湯狢之湯其他」温泉には、そのように動物の名を用いたものが多いことにふれる。その由来は、特に戦国時代に創傷の養生をするために滞在していた武人の存在が、後に動物に準えられたことにあるとする。

「2　非類霊薬ヲ知ル」これは、人間が動物より生活方法の一部を模倣・入手したという話である。動物が山中で人間を治癒したという話は、温泉の効能を動物の所行としたものといえる。

「3　河童家伝ノ金創薬」ここでは、効能の大きい金創薬を河童より伝授されたという話が紹介される。それは、人間に切られた手を返却される代わりに河童が秘密の医術を伝えたというものである。そしてそれが医薬に携わる者の由緒とされることもある。

「4　羅城門」ここでは、羅城門に住む鬼が腕を切られ、老女に化けてそれを取り戻すという話と、鬼が馬に悪事を試みて失敗し、腕を切られたという話を紹介し、それらの関連に言及する。

「5　馬ニ悪戯シテ失敗シタル河童」これは、馬に悪事をはたらき、謝罪のために宝物や秘法を差し出す河童の伝承を全国から集め、列挙したものである。その中でも、特に九州の河童が知恵の進んだものとして記録されていることにまで言及する。

「6　河童ノ詫証文」ここでは、河童が謝罪を文面に残した例が紹介される。また、より簡単な方法として、紅く染められた手織や特定の歌を目印として、それをもつ人に悪事を行わない旨を約束させた例も示される。

「7　諸国河童誌ノ矛盾」これは、諸国の河童捕獲の記録に認められる、姿や形の多様さに言及したものである。そのうえで、河童を諸国の水辺に住み、時々馬や人の子を水に引き込もうとするものとして定義し直している。

「8　河童ニ異名多シ」ここでは、河童がどのような存在として考えられてきたかを探るために諸国の方言（異名）が列挙される。そして、川の子を意味するものや、尊敬を示す名称、獺《かわうそ》との類似を示す例、および山へ出入りする存在とされていた例などを示す。

「9　河童ト猿ト」ここでは、エンコウという河童の異名への注目から猿との関連を推測し、河童を猿とする記録や、河童と猿が仇敵とする説、および猿が水中に住むという記事等を紹介し、猿ケ淵のような地名の由来にまで言及する。

「10　川牛」これは、淵や川に犀《さい》や牛が住むという記録に注目したものである。神が川牛の背中に乗って現れた話のほか、そこに引き込まれた牛が淵や川の名称の由来となることを述べる。更に池や沼の「ヌシ」が、様々な生き物である場合にも言及する。

「11　駒引銭」ここでは、駒引銭に認められる馬を曳く猿の図柄が、水辺に馬を引き込む河童の姿と誤解された可能性に言及する。そのために、川駒をスイジンの別名とする地方や、駒引沢、馬引沢という地名の場所には馬の信仰があること等が紹介される。

「12　馬櫪神ト馬歩神」馬歩《ばほ》は、古代中国において馬に災いをもたらす神であり、それへの対抗として馬櫪神《ばれきじん》が祭られたことを紹介する。「櫪」は厩において馬をつなぐ木であり、サル木と呼ばれ、馬櫪神は日本で馬力神と呼ばれること等を述べる。

「13 猿舞由緒」ここでは、厩に来て猿を舞わせる職種の本来の目的が厩馬の安全祈願であることを述べる。また、猿牽の家筋は、その職能、技術の特殊性ゆえに限定され、馬の保護者である勝善神に祈る役割もあったとする。

「14 守札ヲ配ル職業」これは、猿牽が歌舞を行い様々な守札を配る職業を兼ねていたことの指摘である。その札の中に猿が馬を曳くのか、河童が馬を引き込むのかが判然としないものがあり、そこから河童駒引の伝説が生じ得たことにまで言及する。

「15 靭猿根原」ここでは、厩の祈禱に関する巫祝として万歳師に注目している。これと猿の関係は、狂言「靭猿《うつぼざる》」に認められる。またウツボ舞は、古くからの厩祈禱の宗教上の舞である。そして万歳師も猿が馬を曳く絵馬を配っていたとする。

「16 河童ノ神異」ここでは、河童が善悪両面をもつ水神であったことと、そのうち人間に害を及ぼす側面が注目されたために、馬に悪事をはたらいて失敗し詫証文を書かされるような河童の伝承へと展開していったことを述べる。更に河童が元来、牛馬の神として水辺に居住するものであったことにもふれる。

「17 虬ハ水神」ここでは、ミヅシ、メドチ等の河童の異名に注目する。それらにはアイヌ語との関わりも窺われ、漢字としては「虬」「蛟」があてられていたが、「ミ」は竜類、「ツチ」は霊物の意であり、水神と関連することを述べる。

まずは、この議論において結論もしくは到達点といえる役割を果たしている節を暫定的に見定めることから整理をはじめよう。それは、河童信仰に関する、いわば本来のあり方と、その後の信仰の展開とが端的にまとめられている「16」節だと考えられる。そして「河童駒引」を「河童を水神の零落したものとし、その祭祀と伝説の事物との関連を説いている」とする従来の理解は[29]、そのような点をおさえたものといえる。

ただしこのことは、この議論の狙いが「16」に記述される事柄の提示であることを必ずしも意味しない。なぜなら、この議論の狙いがそれだけであるならば、河童が善悪両面をもつ水神であったことを示す資料を提示し、その事実性を説明すれば足りるからである。しかしこの議論では、本章がⅡで確認したように資料の事実性には立脚せず、かつ「16」へ至るまでに数多の資料を用いた複雑な議論が展開されていることが明らかであり、「河童駒引」の狙いについては、単に河童信仰の本来の姿を指摘し、それ以降の展開を本来の姿からの変化や歪曲として示すことではなく、件の展開のプロセスや機構そのものを記述する点にこそ求められるべきだといえよう。

それでは、そのプロセスや機構は、具体的にどのように記述されているのか。「16」節を到達点とした、各節の連関のしかたへと検討を移す。それを示すためにまずは、前の野本寛一の指摘にあった「小主題」に準えることが可能ないくつかの論点を探ろう。すると、各節において話題とされている伝承を基準として、次のaからcの三つが見出される。それは、a河童にまつわる伝承、b猿にまつわる伝承、c淵、水の神にまつわる伝承である。上の節番号を対応させると、aに「3」～「8」、bに「9」と「11」～「15」、cに「10」と「17」が該当する。なお、「1」「2」節は、「3」からはじまる河童と人間の交渉の記録へ向けた導入部として、人間の生活に及ぼされる種々の影響を動物と関連付ける習慣を記述したものとして理解するのが妥当であろう。

すると「河童駒引」の議論は、河童に関する、いわば本来の信仰のあり方と、それに関わり得る三つの論点により構成されていると把握可能になる。続けて、以上の三つの論点相互の関わりを検証しよう。まずaでは、馬や人間に悪事をはたらいて失敗し、詫証文を書かされるような伝承が示されている。それにbの要素が後続されることで、河童の信仰を、姿が類似する猿をめぐるそれとの関連において把握することが可能になる。そして更に、馬や牛が水に引き込まれる場所であり、かつては水神へ牛馬をささげる風習があったというcの要素が、aからbへと論述が展開するとき、および「16」に続く補足的な位置付けで登場することからは、cが、aとbの双方と関連をもつものとして提示されていることが窺われよう。これは、bの検討から浮上してくる猿と牛馬の祭祀との関係を、水神としての河童の信仰にまで結び付けるためには欠かせない要素となっていることもわかる。すると、a～cは、「16」で示される河童のあり方を導き出すために欠かせない要素として関連をもっていることが理解できるのである（その連関のイメージについては、図1を参照）。

そこで更に、a～cの節群と「16」節との関係に注目すると、「16」における結論的な知見をもたらすものとされているa～cの要素の連関が、いずれも、明確な、もしくは強固な因果関係として記述されていない点が重要となる。即ちaとbの伝承は、その形姿という点で河童と猿が混同され、同一視されることで接点をもつものとなっており、bとcの伝承は、猿が牛馬の祭祀と関連をもち、その牛馬が水を飲むところが淵や川であるという点で接点をもつものとなっている。更に、aとcの伝承は、河童が水中を主な生活の場とする点で関連をもつことが明らかである。即ちそれらは、あくまでそれを観察する人間の〝勘違い〟や、その伝承に関わる場所や場面の「近さ」や「共有」という偶然的な関係の発生によって結び付くものとされているのである。そして更に重要なのは、それらの要素が、河童信仰に関する諸要素として定着されており、「16」節で示される、いわば本来の河童信仰のあり方は、そこから導き出されるものとされている点なのである。そこでそのような「16」節から改めて事態をとらえ直すならば、本来の河童信仰よりも後に形成されたものとなる上記aのような信仰の姿は、b、cとの関連の中で、更にある条件――即ち、

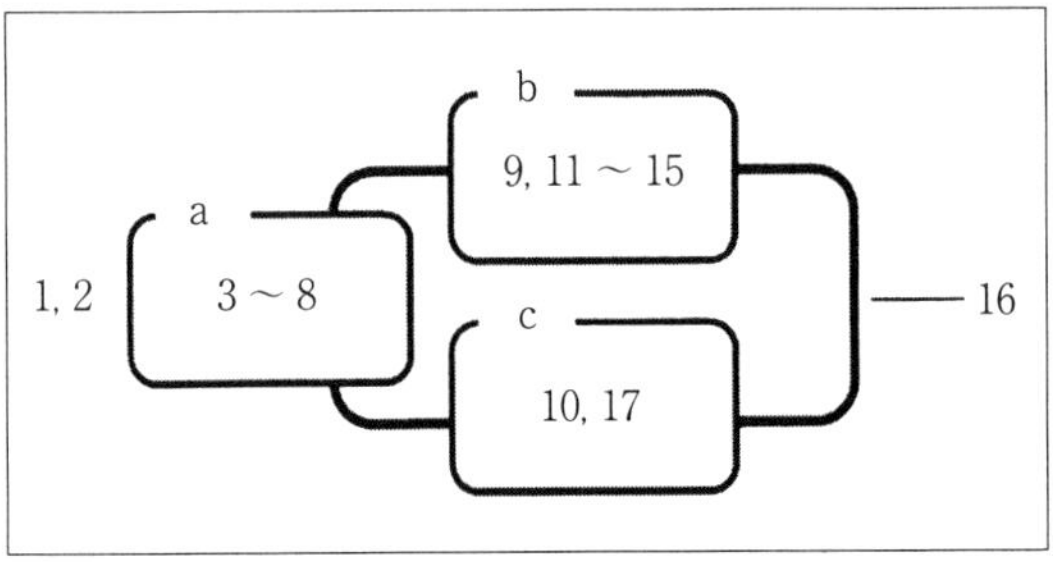

図1 「河童駒引」における各節間の連関のイメージ

河童に関して人間や動物に悪事をはたらく側面のみに注目すること――が付加されたときに生じる結果として記されていると理解できるようになる。すると、いわば現在の信仰のあり方は、それ以前からの伝承の変遷の中で、その発生に関する論理的に明確かつ必然的な因果関係をもたない、一時点の様相を示すものとして理解可能になるだろう。このような検討を経たとき、「河童駒引」の狙いは、本来の河童信仰に関する確定的な本質を提示するものではなく、河童信仰の展開を右に述べたような関わり方において提示する点に求められるようになるのである。

Ⅳ 「馬蹄石」の検討

続けて「馬蹄石」の検討に移行したい。こちらについては、例えば「馬にかかわるさまざまな伝承において、神馬の聖なる奇跡を明らめる」ものとする評価がある。[30] 本章ではⅢと同様の手順から、より具体的な知見を導き出したい。各節の要約は以下の通りである。

「1 葦毛ノ駒」ここでは、葦毛が馬の最も霊異なるものであると同時に、最も災厄に罹りやすいものと考えられていたことを紹介する。そして、そのために神馬として飼うことを忌避された例や、禁物となった例にふれる。

「2　白馬ヲ飼ハヌ村」これは、葦毛が白馬と同様に扱われたことを述べるものである。その背景として白馬との類似性や毛並みが年々変化すること、およびそれにまつわる伝説が紹介され、白馬を飼うことを禁ずる地域・村も多くあることを述べる。

「3　毛替ノ地蔵」ここでは、葦毛が白馬に代用された理由として、毛が年々変化して白に近づく点をあげる。更に毛色の変化に関わる伝承として、熊阪長範が盗んだ白馬を黒馬にして持ち主を欺いたという由緒をもつ地蔵堂の話もあげる。

「4　馬ニ騎リテ天降ル神」これは、葦毛が神の乗用であるが故に尊ばれるという説と、神がそれらを好まないために忌避の対象となるという説をとりあげたものであり、前者をより古い説とし、神が馬に乗って降臨する諸国の伝説を紹介していく。

「5　駒ケ嶽」ここでは、馬の蹄の跡をめぐる信仰をとりあげ、それによって示される神の降臨は、山の神が里に降りて祭りを享けるという信仰に由来するものであると推測する。更に駒ケ岳という山の名について、神々への信仰が基礎にあると述べる。

「6　駒形権現」ここでは、神が祭の日に神馬に乗って降臨した際の蹄の跡が駒形であり、その跡を残す岩が信仰の要となることを述べる。特に箱根権現の駒形は馬の神であり、浅草の駒形堂が馬頭観音である点に注目し、荒神、竈《かまど》の神との関連も推測する。

「7　馬塚ハ馬ノ神」ここでは、馬そのものを神とする別種の信仰として、天然物崇拝となる、石馬《せきば》、天馬石《てんばせき》への信仰をとりあげる。また、馬塚《うまづか》、名馬塚《めいばづか》の例も各地に多いことを紹介し、それらには、馬の生死、および馬の祟りに関わる伝説が多いことを述べる。

「8 甲斐ノ黒駒」これは、聖徳太子を馬の保護者とする伝説にふれたものである。そしてそれを、古代の駿馬伝説が日本の理想的人物と因縁をもった結果とする。なお、太子の愛馬は四脚が白い黒駒であり、黒駒は甲斐の名産であった。

「9 神々降臨ノ跡」ここでは、駒形の信仰が馬の生霊死霊を祭る信仰と合体したことを推測する。降臨石、影向塚、御旅所、仮屋等は、神が祭りのために宿る場所であり、その降臨に神馬が必要とされた。そしてその神には御霊も含まれていたと述べる。

「10 御霊ト石」これは、多くの馬蹄石が英雄の昔語りを伴い、その英雄は若くして非業の死をとげたものが多いことを述べるものである。そしてその霊魂不朽に関する概念が信仰とつながり、その人物の乗っていた馬の足跡への信仰となっていったとする。

「11 竜馬去来」ここでは、昔の人の英雄崇拝心が馬にも及び、馬には駿駑《しゅんど》の大きい相違があるとされていたことを述べる。そこから竜の駒にまつわる伝説も生じ、そこには誕生の奇瑞や竜神とのつながり等の伝承が伴うことを述べる。

「12 池月磨墨太夫黒」これは、池月《いけづき》や磨墨《するすみ》、太夫黒《たゆうぐろ》の出生地にまつわる伝承が、池・沼等との関わりをもち全国に認められる理由を述べたものである。それは、当初は単に日本第一の駿馬とされていたものが、後に池月や磨墨と名付けられた故とする。

「13　水辺ニ牧ヲ構ヘテ竜種ヲ求ム」ここでは、池月が池・水の神とのつながりを強くもつこと、駿馬の父を竜とする伝説にふれる。竜は、馬を池や水のほとりに野飼する間にやって来るとされ、諸国の牧場が古来、海に臨む地に多い理由をそこに求める。

「14　磨墨ト馬蹄硯」ここでは、磨墨に対する信仰と馬蹄形の石に水が溜まる様子との関わりを示し、馬に対する信仰と馬蹄石に溜まる水に対する畏敬との合流を指摘する。更に、磨墨の首の骨が霊力をもつとして様々な用途で使われることを述べる。

「15　光月ノ輪」ここでは、馬蹄石をめぐる信仰の発端をなしたと考えられる「場」に注目している。まずは、馬師と馬医が零落し、民間向けの呪術を行うようになったことにふれ、馬蹄石の由来を、それらの者の在所や霊場の近傍で蹄を研磨した岩に求める。そのうえで、馬の蹄と竈の形状の類似をふまえ、円形に踏み固められた、もしくは草を刈られた土地を馬の祭場を行うソウゼン場とし、ダイダラボウシ信仰との関連を示唆する。

そのような議論に対して、やはり第一には、この議論の結論もしくは到達点を暫定的に見定めることからはじめたい。それは、馬蹄石をめぐる信仰の発端にふれており、かつこの論考の末尾に位置している「15」節として、まずは考えられよう。そしてやはり問題とすべきは、そこへ至るまでに数多の資料と複雑な議論が提示されていることであり、その点から、「馬蹄石」の狙いを、馬蹄信仰の発端の指摘にとどまらない、そこから見出される諸要素の存在と、それらの関連のしかたの提示に求めることの妥当性が確保できるだろう。

ただし「馬蹄石」では、その前半部で、馬蹄石信仰の由緒に関する解答となり得る記述がすでに提示されている。それが集中的に示されているのが「5」「6」節であり、そこでは、神が降臨する際の乗り物として馬が想定され、それ故に馬蹄が神の跡を示すものとして信仰された旨が記述されている。もし「馬蹄石」が馬蹄石信仰の由来についての知見を提示することを目的とし、右のような由来の提示を到達点とするならば、そこで論述を終えて然るべきともいえよう。しかし「馬蹄石」では、それ以降「15」節に至るまでの議論が存在し、「5」「6」より以降の部分の方が分量的にも比重が大きいのである。以下、本節では、「馬蹄石」を「5」「6」節を境とした大まかな二部構成として理解する立場を選び、そのうえで両者を包摂できる理解の枠組みを提示する。

まずは、そのような前半部となる「1」〜「6」で示される事柄を整理しておこう。まず「1」〜「3」では、葦毛の駒を話題とし、「4」において、神への信仰と葦毛の駒との接点がとりあげられる。そして「5」「6」において、山の神が降臨した跡としての馬蹄信仰が説かれるのである。例えば大室幹雄による、「まことに美々しい形姿」で登場する「この神こそが、博捜によって例示された夥しい説話の連鎖を貫通する主題」だとする評価等は[31]、「馬蹄石」のここまでの部分に関する評価としては首肯できるものといえよう。ただし本章では、それ以降の部分で、何がどのようになされているかという点を更に重視するのである。

続けては、終章に位置し、結論的な知見を提示する「15」の内容へと目を転じたい。ここでとりあげられている馬医や馬師の零落とは、その所行が宮中のみにとどまらず、民間の目にふれるようになることを意味し、そのことは、馬医や馬師の在所と馬蹄の跡を刻んだ岩をその「近さ」において周囲の人間が結び付ける条件を用意し、更に彼らの所行と民間における種々の信仰との接点をも用意するものとして理解できる。

すると「1」〜「6」で示される、馬蹄信仰を神の降臨の痕跡に対するものとする理解に対し、「7」〜「15」ではそれとは異なる馬蹄信仰の発端や様相が示されていることが窺われるのではないか。そして「1」〜「6」に対し「7」〜「15」が議論の順序として後に提示されていることに鑑みるとき、「7」以下の議論の機能は、「1」〜「6」で示される信仰やその由来に関する理解とは別のそれを、「15」をいわば集約点としつつ示すものとして整理可能になるだろう。

そこで右のような「15」に接続する「7」〜「14」の展開に注目しよう。すると、各節でとりあげられている話題を基準として以下のように分類できる。それは、a馬の生霊死霊に対する信仰、b英雄崇拝、c水神信仰である。そしてaには「7」「9」、bには「8」「10」「11」、cには「12」〜「14」があてられよう。重要なのは、それらa〜cが馬蹄信仰に関わる、「1」〜「6」で示されたもの以外に考慮されるべき要素たり得ている点である。即ち、ａは馬そのものに関する信仰であり、ｂは馬の所有者や乗り手、そしてｃは優れた馬が生まれるとされる場所についての記述となっている。なおａ～ｃは記述の順序という点（特にａとｂに含まれる節は交互に提示される）でも、

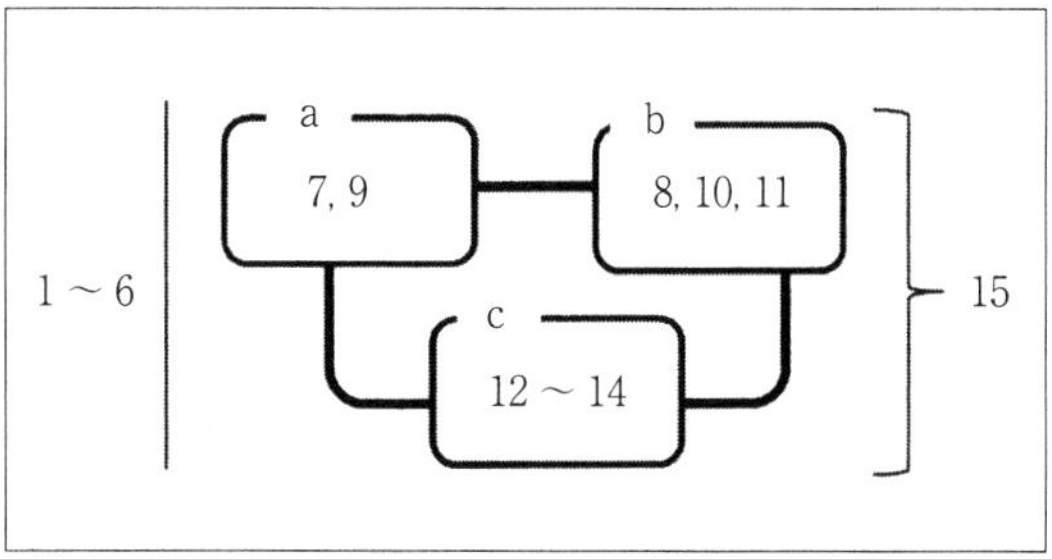

図２「馬蹄石」における各節間の連関のイメージ

その内容面でも関わりをもつものになっている。即ち、ｂに分類した「11」節の内容はｃの内容と関わりをもち、ａに分類した「9」はｂと関わるものとして記されている。そしてｃに分類した「14」に認められる、磨墨の首の骨がもつ霊力に関するエピソードはａと関連することが理解できよう（その連関のイメージについては、図2を参照。図中の1～6の右の直線は、その左右の議論を区分するもの。15の左の括弧は、ａ～ｃが集約されて15に接続することを示す）。

すると「7」以降の後半部においては、「7」～「14」でａ～ｃという三つの要素が、それぞれ別の信仰でありながらすでに関連をもっている様相が示されつつ、「15」において、それらと接続し得る馬蹄信仰の発端が述べられることで、それらが馬蹄信仰に接続する機会が示されているとまとめられる。そして重要なのは、そのようなつながりが示されるときに、その諸要素の連関に、Ⅲで検討し

た「河童駒引」の場合と同様に、明確もしくは強固な因果関係には至らない偶然性が伴われている点なのである。つまり「15」で示される内容は、右にふれたような、馬医や馬師の住居と、蹄の跡を残した岩との距離的な〝近さ〟や、その両者を混同的に結び付ける解釈（＝「勘違い」）によって成立している。そしてそのような「15」と「7」〜「14」は、馬師や馬医の零落という偶然性において接点を保ちはじめるものとなっているのである。

そこでそのような「15」節に集約される後半部から事態をとらえ直してみよう。注目されるのは、例えば「9」節に認められる、（「6」までの部分で話題となっている）駒形信仰が、（右に述べたａの要素となる）馬の生霊死霊に関わる信仰と合流したという記述である。このことは、右のような「1」〜「6」までと「7」以降の議論の接点として理解できるのだが、その両者の関連を包括的にとらえるとき、それは「7」以下で述べられる事態から、「1」〜「6」で述べられる信仰が派生していく通路としての意味を持ち出すのではなかろうか。それは即ち、「7」以下で述べられるような事態（＝諸要素の関連）に、ある条件が付加されたとき――つまり、「15」で述べられた事柄やａ〜ｃの要素の存在が忘却される、もしくは希薄化し、その一方で「1」〜「4」で述べられる要素が合流したとき――に見出される信仰の姿として、「5」「6」を意味付けることを可能にすると思われる。そのようにして「1」〜「6」で述べられる馬蹄信仰のありようを相対化しつつ包摂し得る枠組みが、「馬蹄石」では提示されているのである。

V　まとめと意義の考察

これまでの検討をまとめよう。「河童駒引」と「馬蹄石」の議論に共通するのは、偶然性を契機として生じる諸要素の連関に、特定の条件が加えられたときに生じた一つの結果として、伝説の変遷を記述するという点である。そしてそのような議論は、伝説に関する、起源的と呼び得る要素を探っていく傾向を保持している。ただし、議論の主眼はそれの特定や事実性の証明ではなく、それを導き出すまでのプロセス、および起源的と呼び得る要素と、それ以降に伝説の変遷に関わりをもつこととなる諸要素との相互関連性の提示に求められる。そしてその関連のありように関して、起源的と呼び得る側に視点をおくと、それがそのままには展開していかずに（諸要素との様々な——偶然性を主とする——関連の中で元とは異なるものとなって）様々な変化を辿る次第が見出され、変化した後の側から事態を眺めると、現在の伝説の様相からは直接には推測しがたい——現在の認識や価値観を投影することでは把握しがたい——伝説の過去の姿が浮上することになる。そのような議論は、ある伝説を、その当初から継続する本質をもつ連続的なものとしてとらえるのではなく、過去からの変遷に関する必然性を明確にもつものとしてとらえるのでもなく、更には単独の要素により形成されるものとしてとらえるのでもない、伝説の変遷に対する記述者のスタンス、もしくは歴史観を示すものといえるだろう。

そしてそれは、例えば中山元が述べる、歴史の「統一性や継続性」を否定し、「それぞれの時代のあいだに「さまざまな系、切断、境界、勾配、ずれ」が存在していると想定する」点を特徴とする、ミシェル・フーコーにおける「考古学的な歴史」の特質[32]との間にも呼応を見出せるものであり、『山島民譚集（一）』の場合は、その「さまざまな系、切断、境界、勾配、ずれ」の間に偶然性を媒介とした接点を見出す点に特徴が求められよう。と同時に見逃せないのが、議論の中で猿牽や万歳師、および零落した馬師や馬医等、巫祝や呪術に関わる職業者が、それぞれの伝説の変遷を示すうえで不可欠な役割を果たす存在とされている点である[33]。

そこでそのような論説形態を、Ⅰで整理した伝説をめぐる同時代状況と対照してみよう。注目されるのは、『山島民譚集（一）』が、伝説の変遷を複数の伝承や信仰の偶然的な相互関連の結果としており、更には今後も新たな要素との関連が生じる余地を担保することで、現在の伝説のありようを変化の過程における暫定的な姿としていることである。そのような論説は、Ⅰで整理した「保存」を旨とする伝説蒐集事業の方向性と異質であることが確認できる。

それでは、そのような「保存」を旨とする伝説への関わり方と親和的だといえる、芳賀矢一のような「国民の性質の究明」を目的とする伝説へのスタンスに対して、『山島民譚集（一）』の論説形態はどのような独自性を保ち得ているだろうか。重要なのは、伝説から「国民の性質」を見出せるとする場合、そこにはその伝説、およびそれに関与する人々の間の、過去から現在、更には未来における同質性が前提とされている点である。一方、ある伝説をめぐり、例えばその過去と現在の間に継続する本質が見出されない場合、その検討から超時間的な「国民の性質」は抽出し難いことになるだろう。そこで『山島民譚集（一）』を振り返ると、こちらは、伝説の過去と現在、更には未来の間に、いわば継続する本質を保証しない論説となっていることが特徴的だといえる。更に、そのようにして記述される伝承の歴史には、巫祝や呪術をなす職業者が介在しており、その点で多数派の「日本人」からの差異が担保されていることも重要になろう。すると、そのような論説によって提示される伝説の変遷をめぐっては、件の伝説の共有を通じて過去の「日本人」との同一性を共有し、それを現在から未来へ向けても行うことが困難になることがわかり、その点に「国民の性質の究明」を目的とする伝説研究との方向性の違いを見出せるのである[34]。

そして更に重要なのは、本章がⅠでふれた伝説蒐集事業の背景としての郷土愛や愛国心の涵養という課題との関わり方である。そのような要請が生み出された日露戦争後の状況は、『山島民譚集（一）』が刊行される一九一四年の時点においても継続もしくは一層発展していた。例えば伝説蒐集事業と同時期から展開された史蹟名勝天然紀念物保存協会の活動[35]は、一九一四年九月に雑誌『史蹟名勝天然紀念物』の発刊を果たし、一九一九年六月には「史蹟名勝天然紀念物保存法」が施行されるに至る[36]。同時に、それらの事業や活動の背景をなした地方改良運動[37]も継続され、それらを生じさせた根本要因である日本の軍事大国化は、日露戦争以降、一九一八年における第一次大戦の終結期までに「東アジアで膨張の歩を進め、その最初のピークに到達する期間」を迎える。[38] そこで重要なのが、件の軍事大国化を下支えするために郷土愛や愛国心の涵養が要請されていた点なのである。

すると『山島民譚集（一）』の論説形態は、そのような時代状況に対して、伝説をとりあげるうえで[39]その変遷に注目し、そこから「保存」を旨とせず、更に「国民の性質の究明」へも収束しない伝説のありようを記述することで、郷土愛や愛国心の涵養から距離を保つ立ち位置の確保[40]を試みていることが理解でき、その点に、このテキストの同時代的な意義を求めることが可能になるのである。そして柳田は、そのような『山島民譚集（一）』の構想・執筆と並行して、高木敏雄とともに『郷土研究』を創刊（一九一三年三月）し、高木との離反後も「郷土」をめぐる研究・文筆・出版活動を展開していく。そのような要素をも勘案するとき、以上のような『山島民譚集（一）』の試みは、東アジアへの膨張を続ける日本の動向のもとで、いわば日本の「内」へ目を向けつつ、ただし郷土愛や愛国心の涵養には短絡的に収束しない、広義の文化史に関わる研究領域を、その論説形態の構築を通じて模索するものとして理解できるようになるだろう。そのような営みが、このテキストにおいては、読者の側の読みの速度を低減させる――そのような遅延性は、論述対象を読み飛ばすことを妨げ、それへの注視を促し得る――であろう、文体と内容の展開（論説形態）によって定着されているのである。

注

（1）柳田の没後、「山島民譚集」の（二）は「初稿草案」として（『定本柳田國男集　二七』筑摩書房、一九六四）、同（三）は、「新発見副本原稿」として（『増補　山島民譚集』平凡社、一九六九）公表された。

（2）柳田國男が発行者となり、雑誌『郷土研究』の発行と並行して出版された叢書。発行部数は各五〇〇部とされ、一九一三～一五年の間に全六巻が刊行された。

（3）なお「民譚」という用語が使用された理由に関して、口頭での伝承だけではなく、文字化された民間の文芸をも包括する指向を柳田がもっていたことが指摘されている（齊藤純、小池淳一「歴史を取り戻すために――「伝説」という問い」、筑波大学歴史・人類学系日本民俗学研究室編『〈口承〉研究の「現在」』一九九一、五四～五六頁）。本章ではそれをもふまえたうえで、論述の用語として基本的に「伝説」を用いている。

（4）野本寛一「解説」（『柳田國男全集　五』ちくま文庫、筑摩書房、一九八九、五五三～五五四頁）より。

（5）福田晃「伝説」（野村純一ほか編『柳田國男事典』勉誠出版、一九九八、一三二頁）より。

（6）石井正己「柳田国男の伝説研究――『遠野物語』から『山島民譚集』へ」（『『遠野物語』へのご招待――『遠野物語』誕生から一〇〇年　異界の物語世界への誘い』三弥井書店、二〇一〇、一七九頁）より。

（7）小池淳一「柳田國男における伝説研究の軌跡」（『日本民俗学』二七〇号、二〇一二、五一頁）より。

（8）注4と同じ。ただし五五五頁より。

（9）大室幹雄『ふくろうと蝸牛――柳田国男の響きあう風景』（筑摩書房、二〇〇四、二〇四～二〇五頁）より。

（10）一九一一年に発足した「「文芸の奨励」を建前にした政府統轄の調査審議機関」のこと。竹盛天雄「文藝委員会」（日本近代文学館編『日本近代文学大事典　四』講談社、一九七二、四六八頁）より。

（11）『東京朝日新聞』一九一一年六月六日、四面より。そしてその責任者を担当したのが芳賀矢一であった（『東京朝日新聞』一九一一年七月四日、二面）。また同記事には、続けて「同材料は同氏及び文部省にもすでに蒐集したるものありて向ふ一箇年以内に脱稿を見る予定なり」とある。その成果にあたる著作物は確認できないが、『郷土研究』一巻一〇号（一九一三）の「雑報」欄には、行政整理による文藝委員会の廃止（一九一三年六月）以降、文部省から高木敏雄に資料が移譲されたと記されている（六三頁）。ただし、そこに伝説はほとんど含まれていなかったとされる。

（12）一九一一年一二月七日から募集が開始され、随時応募資料が紙上紹介された。なお、そこで応募資料の監修を委嘱されたのが高木敏雄であり、件の資料をもとに『日本伝説集』（郷土研究社、一九一三）が発刊された。

（13）齊藤純「「伝説」という言葉から――その可能性をめぐって」（『口承文藝研究』一七号、一九九四、一四〇頁）より。

（14）注13と同じ。

（15）『東京朝日新聞』一九一一年一二月七日、六面より。

（16）「芳賀博士講義題目」（『国語と国文学』一四巻四号、一九三七、二七二頁）、および齋藤ミチ子「芳賀矢一とフォークロア――その先駆的側面」（『國學院大學日本文化研究所紀要』七〇号、一九九二）を参照。なお件の講義の特質については「「記」「紀」の或文から「祝詞」「霊異記」「今昔物語」「風土記」「万葉集」等を始め、すべての物語等から右の諸資料をよく引用調理」したものという記述が残されている（鳥居龍蔵「芳賀博士と私」『国漢』三〇号、一九三六、四一頁より）。

（17）前掲齋藤ミチ子論文参照。

（18）注11と同じ。

（19）品田悦一の指摘によると、ドイツ文献学からの影響を基盤とする、伝説への学問的関心は、明治二〇年代後半以降における「帝国文学会」による「明治後期国民文学運動」の活動に端緒を求められる（品田悦一「国民歌集としての『万葉集』」、ハルオ・シラネ、鈴木登美編『創造された古典――カノン形成・国民国家・日本文学』新曜社、一九九九、六八頁より）。芳賀矢一はその中心人物の一人であり、高木敏雄が『比較神話学』（博文館、一九〇四）にまとめられる論考を発表したのも、同会が発行する『帝国文学』であった。更に高木が、『郷土研究』の目的を「日本民族の文献学的研究」の一環とした点をふまえるとき（高木敏雄「郷土研究の本領」『郷土研究』一巻一号、一九一三、一二頁より）、この両者が、文献学に基づく伝説へのスタンスを共有することが窺われる。なお芳賀と高木は、一九一二年に発足した日本民俗学会の評議員をともに担当してもいる。

（20）『山島民譚集（一）』の構想段階にあたる一九一一年に書かれた柳田の書簡を参照。そこには、「伝説の系統及分類」（『太陽』一六巻一六号、一九一〇）における分類案を再編した「伝説十七種」の構想を述べた後に、「文藝委員会の芳賀博士門生をして会の為に伝説を蒐集せしめらる、よし来年早々位文部省の名を以て世に出可申、やり方によりては却つて此学問の趣味をも殺ぐの虞ある故別に一遊軍を提げて突出せん考に候」とする記述が認められる（「南方熊楠氏宛」一九一一年一〇月一日付け書簡、『定本柳田國男集　別巻四』筑摩書房、一九七一、四一五～四一七頁）。そこからは、本文で述べた伝説をめぐる状況の双方に対する差異付けの指向が窺われよう。右の一節への注目は、野村純一「口承文芸〈1〉伝説・世間話・昔話」（上野和男ほか編『民俗研究ハンドブック』吉川弘文館、一九七八、二二〇頁）に依拠している。なお、右の「伝説十七種」について件の書簡には、河童駒引／神馬の蹄／ダイダ法師／姥神／榎の杖／八百比丘尼／長者栄花／長者没落／朝日夕日／金の鶏／隠レ里／椀貸／打出小槌／手紙ノ使／石誕生／石生長／硯ノ水、があげられている。

（21）小堀光夫は、『山島民譚集（一）』の本文に記載されている出典と「内閣文庫」所蔵資料との照合作業を行い、特に菅江真澄の著作に関しては、内容面にまでふみ込み、その取り入れ方についての検討を行っている（小堀光夫「伝説研究と菅江真澄――柳田國男『山島民譚集（一）』をめぐって」『口承文藝研究』二八号、二〇〇五）。なお柳田は、一九一〇年六月より一四年四月まで内閣法制局職員との兼任として「内閣書記官室記録課長」となり、「内閣文庫に関する事務を管掌」していた（国立公文書館編『内閣文庫百年史　増補版』汲古書院、一九八六、一五頁より）。

（22）再版は創元社より一九四二年一一月に出版された。引用部は、その一頁より。なお、このテキストにおける文体の選択については、「甲寅叢書刊行趣意書」にある「誓つて時流の意向に追随せず、寧ろ之を以て世人の好尚を試みんとする」（金田一京助編『北蝦夷古謡遺篇』甲寅叢書刊行所、一九一四、広告一頁より）という文言から認められる、高踏的ともいえる叢書の性格と呼応するものだと把握している。

（23）なお『山島民譚集（一）』では、対象となる言説の時期を特定せず、かつ資料の大半が内閣文庫所蔵の随筆、地誌類に限定されている点において、フーコーとの相違を見出せる。

（24）「山人外伝資料」（『郷土研究』四巻一一号、一九一五年、三二六頁）より。

（25）柄谷行人編「柳田国男と折口信夫」（『近代日本の批評Ⅲ（明治・大正篇）』講談社文芸文庫、講談社、一九九八、二二五九頁）より。

（26）桜井哲夫『フーコー』（講談社、一九九六、三二一七頁）より。

（27）注20の書簡を参照。

(28)注4と同じ。

(29)秋葉弘太郎「『山島民譚集』」（野村純一ほか編『柳田國男事典』勉誠出版、一九九八、一二四頁）より。

(30)注5と同じ。

(31)注9と同じ。ただし二〇二頁より。

(32)中山元『フーコー　思想の考古学』（新曜社、二〇一〇、一七三頁）より。

(33)柳田が同時期に『郷土研究』に発表した「巫女考」（一九一三年三月～一四年二月）、「毛坊主考」（一九一四年三月～一五年二月）でも、そのような職業者の活動から広義の文化史に関わる事象を記述する試みがなされている。

(34)芳賀矢一は、日本の地名伝説と諸外国に流布する伝説との関係にふれ、「三千年の歴史、文学を有する我が国民」がなしてきた諸伝説の「ロカライズ」を「国民の想像、詩想《ファンタジー》の発展」とし、「国民の如何なる思想が伝統の上にあらはれたか」を史学の一分野として検討する必要性を説いている（芳賀矢一「地名伝説に就いて」『史学雑誌』一九巻六号、一九〇五年、五二頁と、同一〇号、同年、四八頁参照）。そこからは、「日本人」を超歴史的に同一性を保った集団とし、その想像力を伝説研究の対象とする発想が読みとれる。

(35)一九一一年一二月に、芳賀と柳田は、ともに同協会の評議員候補となり（「協会録事」『史蹟名勝天然紀念物』一巻一号、一九一四、七頁より）、その後芳賀のみが評議員となった。また同評議員であった黒板勝美は「伝説的の史蹟遺物」に注目し、「太平記にある摂津の桜井駅」を例として、その箇条が「作り話」であっても、「勤王心の勃興した折」に「人心を激動」させた点を重視し、保存・顕彰の価値を説いた（黒板勝美「史蹟遺物保存に関する研究の概説」『史蹟名勝天然紀念物』一巻三号、一九一五、一九頁より）。そのような言説は、当時において、郷土愛や愛国心の涵養に伝説を利用する一例といえよう。黒板の言説への注目は、高木博志「史蹟・名勝の成立」（『日本史研究』三五一、一九九一）による。

(36) そのような次第に関しては、住友陽文「近代日本の国民教化と文化財保護問題」（箕面市総務部総務課編『箕面市地域史料集　2』一九九一）、および同「史蹟顕彰運動に関する一考察」（『日本史研究』三五一、一九九一）と、前掲高木論を参照。

(37) 「地方改良運動」の全般については、宮地正人『日露戦後政治史の研究――帝国主義形成期の都市と農村』（東京大学出版会、一九七三、一～一一七頁）を参照。なお柳田は明治四〇年前後に、「町村是」の設定をめぐり、その官製運動としての性格に対する批判を展開している。

(38) 江口圭一「一九一〇―三〇年代の日本――アジア支配への途」（浅尾直弘ほか編『岩波講座日本通史　一八（近代三）』岩波書店、一九九四、三頁）より。

(39) 柳田が批判的な立場を保持していた同時代の伝説をめぐる状況として、野村典彦が論じた「観光」「情話」としての伝説観が更に想定できる。野村は「「当世風の潤色」の排除を必要とする地平を基点として、柳田の伝説研究が組み立てられている」と述べている（野村典彦『鉄道と旅する身体の近代――民謡・伝説からディスカバー・ジャパンへ』青弓社、二〇一一、一四四頁より）。それとの関連は継続的な検討課題としたい。

(40) 柳田と『東京朝日新聞』との関わりという点に注目すると、『山島民譚集（一）』における同紙との距離のとり方は、本書第三、四章の検討から見出される柳田のスタンスとは大きく異なる。この点については、柳田における一九二〇年代以降の「大衆化状況」や、そこでのメディアとの関わり方に関する問題として、今後検討を深めたい。

第三章　「豆手帖から」「秋風帖」の場合

Ⅰ　はじめに

本章では、柳田國男が一九二〇年に『東京朝日新聞』に発表した「豆手帖から」と「秋風帖」を検討の対象とする。これらのテキストは柳田における大きな転機に書かれた。その転機とは、一九一九年一二月における貴族院書記官長の辞職と退官、そして二〇年八月における東京朝日新聞社への客員としての入社である(1)。そこで重要なのは、そのような転機に柳田のテキストの読者層に大きな変化が伴っていた点である。即ち、雑誌『郷土研究』の運営をめぐる主に研究者共同体へ向けた文筆・出版活動から、新聞社がもつ発表媒体を通じて、匿名多数の読者と新たに関わることとなったのである。一九二〇年代以降の柳田の著作展開を見るとき、研究者に限定されない広範な一般読者への関与は、その「公民育成」への指向も含めて、重要な課題となったと考えられる。と同時にこの時期は、新聞という媒体における「大衆化」をめぐる動向が顕著になるタイミングでもあった。それに関して山本武利は、第一次大戦後の新聞業界について、産業資本の急速な発展、都市への人口集中、都市労働者の増加、新中間層の出現、消費者行動の大衆化等を背景として、大衆的な報道機関へ傾斜したことを指摘している(2)。更に山本は一九二〇年代を通じた「東京有力紙の勢力交替の趨勢」をも描き出しており、そこから「現在の三大紙にあらゆる階層の読者が収斂していく」ことを、その購読者数の飛躍的な増加ともあわせて記述している(3)。そして特に大正期において、「文化を受け手である大衆の側から考えること」が重要である旨については、竹村民郎が指摘したところである(4)。

以上の状況をふまえて本章では、件の両テキストを柳田という書き手と、新聞という媒体の双方における転機が重なったときに生じた文章表現としてとらえる。そしてそのうえで双方に共通して認められる読み手への関わり方を明らかにすることを目的とする。そのために、これらのテキストに関して「何が書かれているか」ということ以上に、「どのように書かれているか」という点に比重をおいた検討を行い、そこからいかなる読者へのはたらきかけが見出されるかということを発表媒体の性格をも視野に入れつつ論じていく。そのような作業は、かつて吉本隆明が柳田の文章をさして「ある領域をきりひらくのに、これだけその領域にふくまれる対象に肉迫できる文体を発明したひとはいない(5)」とし、特定の研究領域が、ある個人の独創的な文体そのものによって創り出されると評したこと、および一九二〇～三〇年代にかけての柳田が「民俗学」の設立に向けた文筆活動を重ねていく点をふまえるとき、読み手との関わりを重視する営みとして、実施するに足る価値をもつものだと考える。

そのような目的をもつ本章では、「豆手帖から」と「秋風帖」をその初出時の形態と時代状況において検討する。そのため、これらのテキストを、単行本『雪国の春』（岡書院、一九二八）や『秋風帖』（梓書房、一九三二）に収録されたものとして論じることに関しては、それを留保する。と同時に、それらの単行本全体の表現傾向や、ほかの収録テキストとの関係、更には収録単行本がもつ柳田の著作展開における意義や同時代的なインパクト等についても、本章の検討を経たうえで改めて見直されるべき問題となる。ここで重要なのは、一九二〇年というタイミングで新聞に連載発表された[6]これらのテキストにおいて、どのような話題や文体、全体の構成が選ばれたかを検討することと、更にはそこから柳田における一般読者への向き合い方を明らかにすることである。そしてそれらは、単行本収録を前提とした検討では看過されてしまう事柄となる。「豆手帖から」と「秋風帖」の両テキストを一つの論文の中で検討する理由については、同様の表現傾向が複数のテキストにわたり連続して認められることを確認し、事態把握の妥当性を高めるためである。

また、これらのテキストに続けて一九二一年に同紙に掲載される「海南小記」については、第四章で検討を行う。その理由は、数多くの断章を集積した形式で構成されつつ、そのような各パートが一つの表現傾向を共有するというテキスト構造の点で件の三つのテキストに共通項が認められる一方で、その表現傾向の内実に関して「海南小記」が異質な側面をもつためである。「豆手帖から」と「秋風帖」の検討を経たうえで「海南小記」を別途検討することにより、本章がこれから明らかにする表現傾向が根本において継承されつつ、その具体的な相において新たな展開をしていく次第を跡付けることも可能になると考えている。

果たして、以上のような意義をもち得る「豆手帖から」と「秋風帖」に関して、その双方をとりあげ、かつテキスト全体を包括的かつ総合的に検討したものは見出し難い。「豆手帖から」のみに注目したものとしては、益田勝実が、「豆手帖から」の最終節と「清光館哀史」(『文藝春秋』一九二六・一〇)を接続した国語教材の指導法を解説する中で、「豆手帖から」の文章展開を最終節に収斂させる形で検討している。[7]そこで「豆手帖から」は「僻地の生活を忘れて進行していく〈近代〉を批判し、いわば〈忘れられた民〉への関心を求めて、さまざまに文体を変え、形式を変えた通信を送りつづけた」ものとして評価されている。[8]それに対して本章では、発表媒体の性格を重視し、「秋風帖」とともに全ての発表回の表現傾向を等しく評価することで、新たな見解を提示する。また『シンポジウム　柳田國男』では、『雪国の春』『秋風帖』、そして『海南小記』(大岡山書店、一九二五)という単行本単位での言及となるが、それらを「以後四十年にわたる柳田学で展開された関心領域、問題群のほとんどすべてを、すくなくとも萌芽的なかたち」で示したものとし、[9]柳田における「旅」の意味とも関連付けながら評価している。更に『柳田国男伝』では、両テキストの発表に先立つ、柳田の東北、および中部、関西、瀬戸内旅行の足跡と「豆手帖から」および「秋風帖」の記述を照合しており、[10] その後は石井正己が「豆手帖から」の執筆状況の検討を深めている。[11] しかしそれらの論考では、テキストの表現分析にはほぼ踏み込んでいない。そのほか、この両テキストに関して、一部の記述を取り込み、自論を展開する言説は見受けられる。例えば中野重治は短編小説の書き方という観点から、[12] 吉本隆明は「ハイ・イメージ論」を提唱する議論の一部として、[13] 近年では武笠俊一が「清光館哀史」を女性史学の転換点として位置付ける過程において、[14] 各テキストの一部をとりあげている。

それらをふまえたうえで、本章では「生活史としての景観」という評価を確認しておきたい。このタームは長谷川政春が強調したものであり、基本的には単行本単位の検討から問題を提起している。と同時に、検討の主眼は「何が書かれているか」という側面に置かれており、それらの点で本章の検討とは間接的、もしくは部分的に関わる指摘となる。そこで長谷川は、単行本としての『雪国の春』『秋風帖』『海南小記』のあらゆる箇所において「柳田の感覚との相関の上で、風景は「生活」を、あるいは「人生」を語り出していることに気付かされる」とし、「このことは、すでに吉本隆明氏が「生活史としての景観」として、鋭くえぐり出している」と述べている。[15]「生活史としての景観」という評価については、「どのように書かれているか」という側面に注目する本章の検討をふまえて、後に改めてとりあげる。以下、Ⅱにおいて「紀行文」の展開とそれに関わる問題を確認したうえで、Ⅲ、Ⅳでは「豆手帖から」と「秋風帖」の表現を順に検討し、Ⅴにおいてその検討成果をまとめつつ意義付けを果たしたい。

Ⅱ 「紀行文」の展開

ここでは、大正中期から昭和初期という時間の幅を見据えたうえで、そこに至るまでの「紀行文」の展開とそれに関わる問題を確認し、それをⅢ以降の検討に関する背景として提示する。

明治初年代以降における「紀行文」は内容・形式ともに多様であり、ジャンルの統一性を把握する研究は未開拓といえる。特に明治二〇~四〇年代は「紀行文の時代」と評されるほど多数の作例が残され、その後も古典文学以来の歌枕探訪を基本とする「紀行文」の伝統を底流として抱えつつ、文明開化以降の旅に関わる新たな要素を取り込みながら、一定のスタイルに収束せず書き続けられたのがこのジャンルに含まれるテキスト群であったと推定できる[16]。そのような事情に鑑み、本章では「紀行文」を旅に関わる文筆を幅広く含み得るものとしてとらえ、かつジャンルとしての流動性をも表現するために鉤括弧付きの「紀行文」という表記を用いる。

そのうえで大正期以降に登場した新傾向については、山本鉱太郎が当時の旅行ガイドブックと近接したものとして指摘している二つの系列がある。第一の系列は「花鳥風月をめでる山水が中心」のものであり、第二の系列は「趣味の旅」をテーマとするものである。前者については、遅塚麗水『山水供養』（一九一三）、久保天随『山水写生』（一九一四）、河東秉五郎『日本の山水』（一九一五）、田山花袋『山水小記』（一九一七）、大町桂月『山水大観』（一九一七）、村上亀齢『山水路』（一九一九）、大町桂月『山水めぐり』（一九一九）、田山花袋『山水処々』（一九二〇）を例としてあげており、後者に関しては、笹川臨風『古跡めぐり』（一九一九）、齋藤隆三『古社寺をたづねて』（一九二四）、藤沢衛彦『伝説をたづねて』（一九二七）、田中阿歌麿『湖沼巡礼』（一九二七）を代表例としている。[17] 本章では、「豆手帖から」と「秋風帖」が近接していた同時代の執筆傾向としてこれらを扱う。[18]

　ここでまず理解できるのは、それらのテキストが名所・名勝を辿る記述であることと、特に第二の系列においては特定の嗜好に対応した旅先を集成した企画となっていることである。そのうえで個々のテキストの内容に目を向けると、更に重要なことがわかる。それは、第一と第二の系列に共通して全国的規模での網羅的な記述への指向が見出せる点である。即ち第一の系列では、特に河東『日本の山水』や田山『山水小記』、および大町『山水大観』と『山水めぐり』において、著名な山水や名勝地に関する記述が全国的かつ網羅的に収録されている。加えて、それらと同時期に刊行された田山花袋『日本一周』（一九一六）をも視野に入れると、そこでは日本各地を列車で周遊する次第が記され、列車移動の速度感や車窓の光景、更には途中の町にまつわるエピソードの紹介に記述の主眼がおかれている。また第二の系列のテキストにおいても、網羅性への指向は共有されている。そのような事態は、「日本」全体を視野に収める地点から、その境界を枠組みとし、各地に関わる記述を縁取りの中に塗り込めるように配置していくものとしてまとめられる。

それらは、柳田が「豆手帖から」と「秋風帖」を執筆する際に、自らのテキストの書き方としても選び得た同時代的潮流として理解できるものである。しかし以下に検討するように、両テキストにおいては以上のような「紀行文」の新傾向、およびその底流をなす古典的な紀行文の書き方の双方とは異質な表現法が選択されることになる。

なお、柳田におけるそのような選択の背景には、風景を決まり文句としてのみ味わい、それを辿るような消費的な旅を認めず、旅人が自らの目で問題を発見することを求めるのが柳田の旅に対するスタンスであったとする野村典彦の指摘が想定できる。[19] その指摘は、単行本『雪国の春』（そのうち、特に「草木と海と」など）において散見される、伝統的な「紀行文」に対する柳田の批判意識をふまえたものといえる。と同時に、そのように自らの目で問題を見出させようとする傾向は、当時の地理学における動向の中にも見出すことができる。岡田俊裕は、小田内通敏が一九一五年に刊行した『中等　国民地理教科書　日本之部』と、山崎直方が記した『普通教育　日本地理教科書』（一九一八年、訂正一四版）の双方が、「郷土」の地理的観察を重視した点に注目している。[20]

本章におけるスタンスは、「豆手帖から」と「秋風帖」を「紀行文」という枠組みの中で考察するのではなく、当時の旅に関わる文筆傾向を背景としつつ、そこでいかにして独自な表現を提示していくかを明らかにしようとするものとなる。以下、両テキストの具体的な分析に移ろう。

Ⅲ 「豆手帖から」の表現傾向

「豆手帖から」は、『東京朝日新聞』に一九二〇年八月一五日から九月二二日の間にわたり断続的に掲載された。これは、東京朝日新聞社への入社直後となる同年八〜九月の東北を中心とする旅行の一部を題材として、同紙三面に継続的に発表されたテキストである。掲載面には、共産主義化をめぐるロシア情勢の連載報告や、国際政治経済に関する分析、および国内の政治経済に関する情報等が掲載されている。そのような紙面の下段に、一行一五文字で二一〜二三段(一五〇〇〜一七〇〇字程度)のテキストが一九回にわたり発表された。のちに単行本『雪国の春』に収録され、その際にほかの収録作に関する旅程も記入された地図が追加される。各回のタイトルや順序に関して一部変更もされるが[21]、本文に関しては、内容に大きく関わる改変はない。テキストの概要を整理するうえで、本章では上記の一九回にわたる発表各回の文章を「節」とするとともに通し番号を付して扱う。その1から19までの番号とあわせて各節のタイトルを列挙すると以下の通りとなる。

1方言　2失業者の帰農　3子供の眼　4田地売立　5狐のわな　6町の大水　7安眠御用心　8古物保存　9改造の歩み　10廿五箇年前　11町を作る人　12蟬鳴く浦　13「おかみん」の話　14鵜住居の寺　15処々の花　16樺皮の由来　17礼儀作法　18足袋と菓子　19浜の月夜

これらのタイトルを通覧しただけでも、その内容が多岐にわたることがまずは窺われよう。各節の中身に目を向けていくと、本文の中には、仙台以北の宮城、岩手両県の地名が三陸方面を中心として大半の節に登場する。しかし、旅の目的や方向性は不明確であり、移動の行程が順に記された記述展開にはなっておらず、初出時には地図も掲載されていない。加えて、名所・名勝を辿った「紀行文」ともいいがたく、旅先での見聞がない節や、あったとしてもそれが関連する事柄の考察に向けた議論の端緒でしかない節も存在する。その一方でいくつかの節においては、顕著な表現面での特色も認められる(22)。更に、限られた一回分の掲載スペースという制約のもと、会話文がある場合は基本的に地の文の一部として組み込まれ、また、記述が省略もしくはやや飛躍している部分も認められる。総じて、話題や表現方法は多岐にわたり、各節における行文展開のしかたも単一ではない。したがって各節の連関についても明確ではなく、断章の列挙で構成されたテキストという趣向のもと、内容・形式の双方にわたって一貫性や統一性に乏しいショート・ストーリーが並列されているという印象を抱かされる。

そのような点をふまえ、本章では「豆手帖から」を、特定のストーリーやプロットが、テキスト全体の時系列もしくは叙述の順序に対応して確認できるという意味での線状的なテキストとして読むのではなく、全体としてのテキストの中に、完結性をもつ短いストーリーが数多く収録された断片的なテキストとして理解する立場を選ぶ。ただし重要なのは、そのような一九節に及ぶ各節の記述が、全く共通性をもたない文章の集合となっているのではなく、その効果という点において一つに収束する表現傾向を共有している点なのである。

その効果とは、対象がもつ複数の側面や性格に読み手の目を向けさせる点に求められる。以下、そのような事態が典型的に認められる節をいくつかとりあげつつ検証と確認をしていく。まず注目するのは1節である。ここでは、節のタイトルにもなっている「方言」に対する考え方が主題となっているが、その展開は単線的なものではない。記述の展開を辿ると、「土井教授の夫人」が出版した「仙台方言集」を大きな「功績」とし、「方言の問題で第一に決せられねばならぬ」のは方言の定義だとしたうえで、しかしそのようなものがないままに「地方の教育者の方言蒐集は常に所謂匡正を目的として居つた」ことを確認する。そのうえで従来は「笑はれる語」「匡正したくなる語」が方言であったとしつつ、その研究が顕著になるのは「国運隆盛の一兆候と謂ひ得る」ともしたうえで、ただし「標準語の選定」は困難であるとする。そのうえで最終的には「将来大に東北を振興させ」「東京の言語の上」に「仙台藩閥」を打ち立たせたいと述べて終わる。ここで重要なのは、「方言」に関して、それを矯正の対象としてきたという経緯をとりあげる一方で、「方言」およびそれと対になるといえる「標準語」が、双方ともに定義が困難であることを論述の転換点とし、最終的には仙台の言葉が、中央における言葉の一つとして進出することを望む点である。そのような展開は、「方言」に関する複数の認識、あるいは立場を浮上させるものだといえる。このような道筋によって、対象に関する複数の見方を示す書きぶりを確認しておこう。そしてそのような傾向は、以降の各節で共有されることになる。

続けて、4、5、6、8、9、13、15、17、18、19の各節の要点を順に確認していこう。4節は田地のせり売りに関して、小作人が土地所有を望むことへの理解と、そこで露わになった経済知識の欠如や法外な取引を批判するという両面的な評価を記している。5節はある村人のキャラクターを示していると考えられる。だまされやすく村の外に出ないお人よしであると同時に、狐を捕獲するための外国製品を横浜の商店から購入する進取の性格をも示すという形で、件の人物の複層的な側面を浮き彫りにしている。(23) 6節は災害に直面した人の対応ぶりに関して、切迫した状況に追われる様子と、それとは対照的に緊張感とは異質な対応をとる様々な人々の姿をも記している。8節では古物を保存する理由や意味について、保存そのものが目的というよりも、将来考察するための材料を保持する手段だという考えを記し、やはり二面的な理解の存在を提示している。9節は杵や臼の現在における扱われ方をとりあげている。そして新しいものが無批判に取り入れられる一方で、古いものが消えずに新しいものと並存する場合もあることを記している。13節では巫女に対する調査者、もしくは語り手のスタンスに関して、老按摩から巧みに話を聞きだす一方で、最終的には詮索をふみとどまり、未解明の領域をそれとして残そうとする複層的な姿を、自己対象化を伴いつつ描いている。15節では様々な野の花に出会う旅路が描かれているが、そこでは花の名が列挙されることで言葉が喚起するイメージとしての華やかさが示される一方で、その行路の人気なさや寂しさが同時に描かれており、そのような二面性が定着されている。17節は旅先の女性の服装に対するとらえ方が主題となる。それを野卑なものとする理解が存在する一方で、それを必然性をもって形成されてきた独自の流儀だとする視点を提示し、更にそれを『万葉集』の感覚が巡り戻ってきたものとも記す。18節は肌ざわりの柔らかいものと甘いものにまつわるエピソードであり、質朴な人々がもつ倹約の感覚と思い切りの良さという二つの側面の共存が、嗜好の深さとともに語られている。そして19節では旅先の宿屋で働く女性たちの姿を記し、太鼓や笛のない静かな盆踊りの際に見出された抑制と自己主張という二面性の共存を描き出す。更には、祭の翌朝に働く姿と前夜の祭の様子との対照も示されている。

残された節に目を向けると、それらは以上の節と同様に対象がもつ複数の側面や性格を描き出す傾向を有するのだが、そのプロセスにおいて、対象の空間的な側面もしくは時間的な側面における複層性に比重をおいたものとなる。まずは空間的な側面に比重をおくものを確認していこう。典型的な例として12節をとりあげることができる。ここでは、越喜来《おきらい》の湾に入る船中での会話や空想が記されていくが、その中でその船を利用する人々の心的傾向に関する理解や評価がなされていく。記述の展開を辿ると、大きく揺れる船中の描写や船客との会話から、運航会社に対する疑念を「どうしても人を貨物に殉せしむる船路と見えた」と述べ、揶揄する筆致が認められる。そこから、運搬の荷物に損害を与える鼠についての船の事務長との会話が続き、最終的にこのような船の揺れに耐えるこの地域の人々の様子から忍耐強い「日本の国民生《ママ》」を見出し、同時に三陸沿海の鉄道を「実に深い智恵」だとする。そこで重要なのは、船の揺れに耐える人々のメンタリティを具体的な小状況から見出すと同時に、日本の国民性という大局的な観点をも重ねて提示していく書き方になる。それは、その事象を見出す空間性について複数の視点を示すものといえる。このような傾向を共有する節については、ほかに2、3、7、11、16節があげられる。

2節は、この地で問題になっている失業者の居場所の問題をとりあげ、同時に現今の一般的問題として、出身地から外へ出た人間をその先で定着させることの必要性をも説いている。3節では、眼がその人間の心を示すことが主題となっており、特に不条理に直面した子どもの眼が示した訴えを、同時に人間一般にも通じる「有力な宣言」として提示している。7節は、旅先で宿泊した旅館のあり方が話題となる。そこでの眠れぬ晩に考えたこととして、西洋の慣習とは異質な日本の諸制度に対する見解にまで発展している。11節では町並み保存とその難しさを話題として、世田米《せたまい》の場合から、様々な町にも共通する問題として展開する。16節は白樺の樹皮に経や絵を記し村人の魂を救っていた東北の旧家の存在を紹介し、ただしその民間宗教はこの地域独自のものではなく、真言、密教に由来することを記す。

なお、10、14節についてては、時間的な側面に比重をおく例となる。それらは、対象のあり方について、それが時間を超えて一定ではなく変化するものだとしており、そのようにして対象がもつ複数の側面や性格を描き出すものとなっている。

10節をとりあげると、ここでは二五年前の津波の際の出来事とその伝承が主題となっている。記述の展開を辿ると、唐桑浜《からくわはま》における津波の際の出来事として、亡くなった男の子の話や、助かった際の夜の記憶、および夜を明かした乳児と母親のこと、更には、節句の晩で酔った人間が多かったことや、入浴中に津波にあい、子どもと母親が流されて助かった例などが記される。そしてそこから「話に為るやうな話だけが、繰返されて濃厚に」語り伝えられるとし、「人の境遇に善悪二様の変化の有つたこと」を述べ、転入者の存在や、漁業に復帰し利を得たものにもふれつつ、「文明年間の大高潮は、今ではもう完全なる伝説」となり、「明治二十九年」の津波の「記念塔」も村ごとにあるが「最早其前に立つ人も無い」とし、歴史にある「階段」という表現で、そのような伝承の移り変わりをまとめている。これが、時間的な側面に比重をおいた対象の複層性を示すという書き方になる。また14節では、死者に関する記憶のありようをとりあげ、死者を慕う心をピックアップする一方で、現在のためと未来に向けて記憶の更新が試みられる様子をも同時に描いている。

以上、全一九節の表現傾向を、いくつかの節については行文の展開を辿りつつ確認した。第一に重要なのは、各節で主題としている旅先に関わる事柄が一つの姿でとらえられるものとされていない点である。換言するならば、件の記述展開によって対象の姿は一枚岩的ではない複層的なものとされており、その結果、対象を一義的かつ空間的・時間的に固有なものとして提示することが回避されているといえる。第二に、更に重要なのは、そのような複層性を描き出す記述がこのテキストでは一九節にわたって繰り返し提示されている点である。その結果、読み手の側には相互の連関性が明確ではない一九の節を通じて、件のイメージを反復的に享受する事態がもたらされ得る。それらのことがこのテキストの表現傾向、およびそれが与える効果として理解できる。(24)

Ⅳ　「秋風帖」の表現傾向

次に「秋風帖」をとりあげ、Ⅲの検討で認められた表現傾向が、同時にこのテキストでも認められることを確認していこう。「秋風帖」は、『東京朝日新聞』に一九二〇年一〇月二六日から一一月一七日の間に中断をはさみ掲載された。このテキストは、同年一〇〜一一月の中部地方から関西、瀬戸内にまで至る柳田の旅のうち一部を題材として、同紙四面に一九回にわたり発表。この四面も三面と同様に政治経済の話題を中心とするが、社会面の要素も含み、下段は広告となる。一行一五文字で、はじめは上段の一～二段に、途中より中下段の三～四段にわたり、一回あたりおおむね一〇〇〇～一二〇〇字程度で掲載。のちに単行本『秋風帖』に収録され、その際に地図が追加される。更に「有車階級」の節が削除され、「杉平と松平　上・下」（『文藝春秋』一九二六・一）という節が、「馬の仕合吉」のあとに追加されている。また、新聞連載時には二～三回連続で発表されていた「御祭の香」と「野の灯山の雲」、および「還らざりし人」がそれぞれ上・下二節構成に再編されている。本文に関しては、内容に大きく関わる改変はない。

テキストの概要を確認するために、「豆手帖から」の場合と同様に、発表各回における区分を節として1から19の番号を付したうえで、全一九節のタイトルを列挙しておこう。なお「秋風帖」に関しては、同じ節名が付されており、内容面でも明らかにつながりが認められる節群については、ひとつながりの内容を二～三回に分けて掲載したものと理解し一括して扱う。

1～3御祭の香　4山から海へ　5武器か護符か　6有車階級　7出来合の文明　8～9野の灯山の雲　10御恩制度　11狼去狸来　12巣山越え　13屋根の話　14ポンの行方　15馬の仕合吉　16～17還らざりし人　18ブシュマンまで　19茂れ松山

やはりこのテキストにおいても、そのタイトルから話題の多様性を感受することができる。本文の中身に目を転じると、話題になる場所が静岡県西部から愛知県東部の範囲となる点は「豆手帖から」と異なるものの、名所・名勝を辿らず、旅の記としての枠組みも明示されず、話題や表現が多岐にわたると同時に、節相互の連関性が明瞭ではないショート・ストーリーの並列になっている点などは「豆手帖から」の場合とほぼ同様であり、「秋風帖」に関しても断片的なテキストとして扱うのが妥当だといえる。そして重要なのは、このテキストにおいても、対象がもつ複数の側面や性格を描き出すという点で一つに収束する表現傾向を各節が共有していることなのである。

そのことを確認していくために、まずは、冒頭の1～3節をとりあげよう。ここではⅢで注目したテキストの表現傾向が集中的に含まれている。本文では、島田の町の祭礼の様子と、そこから触発された思考の記述に主眼がおかれ、最終的に香りをめぐる考察に収束していく。記述の展開を辿ると、極彩色の衣装を着た男衆と、それを見守る女衆の描写からはじまり、「歓楽も今日ばかり、と云ふ淋しさ」の中で「鼻ばかりが、無暗に働いて色々の事を考へさせてくれた」とし、感動にも「物質的の基礎」があり、それが「常と異なる」香りだと述べられ、記述の方向性が確定される。続けて、祭の折の白粉鬢付等の香りを「人草は里に茂らねばならぬからである」としたあとに、一方で「百年前の秋祭」にさかんであったろう「新酒の香」がなくなったことや、島田の祭で煙草の香りを「嗅ぎ過すことが出来なかつた」ことを述べる。更に煙草の香りについては、奥州野辺地でも同様の体験をしたことにふれ、田名部の寺では、くわえ煙草がはなはだしく、境内での踊りが禁じられたこともあげながら、「祭や踊を農村の娯楽など、名《なづ》ける人々」に、「責任の大半を分かたねばならぬ」と断じる。このような過程において、時間的・空間的に複数の状況を辿っていることが確認できる。そのうえで、「最も古典的」で「なつかしい」のは、祭の折の各戸の料理の香りだと展開し、「町の生活に最初から必要であつた統一と調和が、今では祭礼などの日」にだけ現れる。また、大昔は「一団の部落は、即ち一箇の庖厨」であるとともに、祭は「復古の事業」であり、それに旅人は旅愁を抱くとする。更に、「子供の時の食欲ほど、郷里を慕はしめるものは実は無い」としたうえで、祭の香りは音楽であり、「国歌の一である」としてまとめられる。以上1〜3節では、祭と香りに関する様々な思考やエピソードが嗅覚という窓口から視覚、聴覚の描写への展開も伴いながら記される。そこで重要なのは、島田の祭の様子から出発しながらも、過去の祭の想像や各地の祭の様子にも言及しつつ、祭と香りの問題をいくつものレベルにおいて複層的な面をもつ事柄として記述していることである。

以下、Ⅲにおける論述と同様の順序でほかの各節の表現傾向を確認していこう。まずとりあげるのは、8〜9節である。ここでは「遠州上阿多古」の話題として、山側と平野側の双方からの視線により、近代化をめぐる複数の側面が描かれている。記述の展開を辿ると、県道が開かれたためにこの地域にもちこまれた「文明」という話題を提起したうえで、「併し村の人たちは頓と之を歓迎するやうにも見えぬ」とする。そこから、「山は元の儘でも野にはえらい進歩があつた」と話題の方向を転じ、眼下の平地の様子に関して「一機に一灯の電灯がついて居る」織物工場が見え、笠井の附近から二俣の対岸近くまで「長い織場を建てた屋敷が稀では無い」とし、夕方には「一時にぱつと美しい光が、広い平野を彩る」として近代化の成果を記す。更に「西武蔵の或る山村」から見る「東京の町の火」もその類似例として出したうえで視線の方向を変える。今度は、浜松で補習学校をはじめている中村君の工場に山から下りてきている阿多古の少年のことをとりあげ、少年たちを訪ねて親たちも下山してくるエピソードから、彼らの穏やかな暮らしぶりを「促迫《そくはく》と云ふ味を知らぬ人々」と評する。そこから、中村君が晴れた午後に、少年たちに故郷の山が見えるかと聞いたときに、「斯んな日にはもやを苅りに行きたい」と答えた少年がいたという次第が紹介される。そのようにしてここでは、山から眺める近代化された工場地帯の様子と、一方で工場から山を眺め郷愁を抱く少年工のエピソードが対置され、近代化をめぐる複数の側面が示されている。

そのような傾向を共有する節としては、6、7、10、15、16〜17、19の各節をあげることができる。6節は自転車の普及を話題にしており、現在の道路改良の程度は自転車の便宜を標準としているが、ただし女性の自転車利用は少なく恩恵の圏外にあると述べ、文明の普及に対する対照的な関わり方を記す。7節では山村に暮らす人にとって町がもつ意味をとりあげ、現在の町は父老のためのものであり、今後町をうまく利用することで、より上品な暮らしと家内全員の幸福が得られると述べる。ここでも、町に対する現時点での異なる関わり方が示されている。10節では、村の温情主義を話題とし、それが仕事以外の世話も含めた物心両面の配慮で維持されていることに言及したうえで、そのような風土では普通選挙の際にも情実投票が行われると憂慮し、その功罪両面を強調する。15節は馬の幸福を話題としている。この地域における馬の神像の多さを、馬との関わりの深さとして述べたうえで、馬の神はあくまで人間の都合によるものであり、馬の幸福は馬が考え出すべきものとして、馬に関する異なる理解が示される。16～17節では岡崎出身の菅江真澄の事蹟をとりあげ、故郷を離れ諸国への漂泊を続けた半生をその著作とともに紹介する。その一方で、その旅が彼の嘆きや悲しみに裏打ちされ、その生涯が故郷への思慕に貫かれていた側面をも記す。そして19節では、篤学者の学問の継承を話題とする。文庫を愛し、収集保存に努める国風がある一方で、本を貸さない旧家や貸し過ぎて散逸を重ねた家もあり、蔵書の真の意味に対する無理解も窺われると述べ、そのような両面性の共存を描き出している。

続けて注目されるのは、そのように対象の複層性を記しつつも、そのプロセスにおいて空間的な側面に比重をおく節群である。その典型例としては4節があげられる。ここでは、「駿州焼津」での見聞から、労働力の不均衡とその解決策が主題的に記される。この問題に関してこの節の記述を辿ると、焼津では発動機の漁船が増える一方で、絶えず人を招いているとし、「眼に見えぬ促迫が此世には有る」と述べる。そしてまた、船乗りが不足する一方で、各地へ鰹の生節《なまぶし》の買い取りに出ていることをとりあげ、「剰つて居るのはやはり資本と所謂企業熱」だが、漁村から発動機船の練習に来た若者は帰ってしまい、最近は山村の青年を招いていることを問題視する。そして「海が広漠の未開地であることを心付けば」、人々は海におりてくると述べるに至る。このようにして、この問題が具体的な空間としてのこの地で認められる問題であると同時に、この地域だけでは解決できない、現代社会一般に通じる「目に見えぬ促迫」を抱えたもの、即ち空間的に複数の領域に関わるものであることが記されている。同様の傾向を共有する節としては、このほかに5節があげられる。5節は失業した職工を故郷に送還する動きについて、この地だけではなく広い範囲で同様の事態がおこることも憂慮し、そのようにしても元々働き口はないと述べる。そのうえで世の有力者に事態の改善と予防を訴える。

更に、残りの11、12、13、14、18節に関しては、時間的な側面における複層性に比重をおいた節群となる。典型例として、ここでは18節を確認しておこう。ここでは、三河における綿産業の推移を話題としている。記述の展開を辿ると、「桓武大帝」の治世に天竹村に漂着した「若い崑崙人」が「木綿の種」をもたらしたとする伝説の紹介からはじめられ、「三河白木綿」をはじめとして、「支那から綿花の入つて来たのもやはり此辺が最初であつた」という見解が述べられる。更に「から紡」という紡績は今も岡崎近辺の特色であるが、近年における事態として、綿は輸入免税で土地の生産が絶えたことと、外綿加工の利益が望めなくなり、その結果、弾き綿の作業に至ったことが述べられる。そして現状として、そのような製法で作った大幅物が「ブシュマン」の暮らすアフリカへ運ばれると記される。ここでは地域特有の産業に関して、その内実の変遷を記していることが確認できる。

以下、11節は峠や山奥に棲息するものを話題とする。かつてこの峠では狼が栄えていたが、今では狸に入れ替わったことを述べる。狸の社交性についてもふれながら、次に支配的になる動物に思いを馳せる。12節では旧道の盛衰をとりあげる。遠江と三河をつなぐ峠道が秋葉路や鳳来寺路とよばれたことや、その間に巣山という村があり、そこの宿屋はかつて多くの客で賑わったが、現在は閑散とした山道になったことを記す。13節は町並みを作る屋根に注目し、浮世絵に描かれた東海道の光景からの変化を、板葺、茅葺から瓦への展開として記す。そのような進歩の一方で人はあまり幸福になっていないとも述べる。そして14節では、ポンもしくはサンカ、箕直《みなお》しとよばれる移住民をとりあげる。彼らは毎年この村を訪れ小屋掛けと川漁をしているが、近年は数が減少しており、大都会に紛れるようになったようだと述べる。これは、季節的な移住民から都会の住人への変化ということになる。

以上「秋風帖」に関しても、「豆手帖から」の場合と同様な、対象の表現に関する事態を見出せる。そのような事態が、発表時期が連続する二つのテキストにわたり確認できたことで、如上の本章の理解がもつ妥当性もより確保できるのである。

Ⅴ　まとめと意義の考察

それでは、これまでの検討成果をふまえつつ、「豆手帖から」と「秋風帖」の表現傾向がもつ意義を、読み手への関わり方という点に集約しつつ明らかにしていこう。

そのためにもまず確認しておきたいのは、Ⅱでとりあげた、当時の「紀行文」に認められる傾向との違いである。まず明らかなのは、それらのうち、名所・名勝のクローズアップという点、および記述の話題や方向性を一つに絞るという点はいずれも、「豆手帖から」と「秋風帖」には認めがたく、この両テキストがもつ相対的な特質をまずは確認できる。更に重要なのは、件のテキスト群に認められる「日本」全体を視野に入れた俯瞰的な記述方法との違いである。Ⅲ、Ⅳで検討したように、「豆手帖から」と「秋風帖」にはそのような事態も認めがたいといえる。「日本」全体という視野が提示されないことはもちろん、東北三陸や中部東海といった地域レベルでの旅の範囲やそれを示す十分な地理的情報も予め提示せずに、断片的なストーリーの列挙と並列に終始しているのが両テキストの特質といえる。そのような記述スタイルは、「日本」全体のような俯瞰的な視点を用意し、そこから各地の事象を配置し意味を与えるという、いわばトップダウン的な記述法ではなく、あくまでその地域に関わる事象を、その間の連関性を予め示すことなく提示し、積み上げていくボトムアップ的な書き方であるといえるだろう。そして更に重要なのは、そのようなボトムアップで記述されていく個々の節の内実が、対象の姿を常に複層的なものとして示す点なのである。

果たして、そのような各々のストーリーの蓄積がテキストでとりあげる地域のイメージになると考えるとき、話題において多様であり、かつ表象の方法として常に対象の複層性を描き出す件の両テキストの表象は、その集積として示され得る地域の姿に関して確固とした像を結び得る視点を明示しないものであったともいえるだろう。[25]

そのような事態を確認したうえで、件の表現傾向が読み手との関わりにおいてもつ意義へと検討成果を集約していこう。そこで第一に重要なのが、件の表現傾向が読み手の関心を喚起しつつ、ただしその先の更なる関与をも可能にするものとなっている点である。まず確認しておきたいのは、こうした断片的な記述の集積が、匿名多数である新聞の読者を前提とする際に選ばれた構成あるいはスタイルだったことである。[26] テキストの各節でとりあげられる多様な話題は、まずは「何が書かれているか」という側面において、多様な新聞読者の興味・関心と接点をもつチャネルの多様性として機能し得る。特に両テキストに共通して認められる、地域経済の問題を地域の外の、場合によっては国外にまで関わり得る経済情勢を視野に入れて論じる節などは、本章がⅢ、Ⅳでふれたような、両テキストの掲載面がもつ国際的な視野をもつ政治経済面という性格や、一九二〇年における第一次大戦後の戦後恐慌という時流とまさに呼応する。そこで読み手が、件の連載各節のいずれかに何らかの興味を抱いた場合に、その次の段階として用意されているのが、本章が検討してきた、「どのように書かれているか」という側面から見出される、対象を複数の側面や性格をもつものとして描き出す記述展開となる。すると、それらの記述のありようは、各節で示される複数の立場や評価のいずれかに立つ読者と接点をもつものとなり、その中でも空間的側面に比重をおく節では、大状況に注目する読み手にも、個別的な小状況にひかれる読み手にも関心のとば口を提供することができる。そして時間的な側面に比重をおいた節の場合は、過去や経緯に目を向ける読者と、現在やこれから先の展開に関心をもつ読者の双方に対応できるものとなる。そのようにして読み手に提示される、話題の面で幅広く、更に記述の方法として複層的な記事の集成は、新聞というメディアがもつ広範な読者の多様な関心に対応するといえる。と同時に更に重要なのは、そのようにして関心を喚起された対象に関して、ただしテキストにはそれとは異質な対象の側面が同時に存在する点であり、そこで読み手の側には、自らの当初の関心や視点とは異質なそれらをも抱えたうえで、対象との関わりを続ける機会までが担保されるのである。

そして第二に見逃せないのが、そのような表現傾向が読み手における対象のとらえ方や思考法にまではたらきかけ得る点である。ここで、本章がⅠでとりあげた「生活史としての景観[27]」という評価に改めて注目しよう。本章の検討をふまえたとき、この「景観」あるいは「風景」については、その「景観」や「風景」そのもの――「何が書かれているか」という視点からとらえられるもの

――以上に、その具体的な描き方――「どのように書かれているか」という視点から理解できる事柄――、およびその描き方が読み手に及ぼし得る効果という面から考えることができるようになる。

かつて柄谷行人は、近代小説における「風景の発見」を、テキストで提示される風景を見る観察者（小説の語り手）と、そこで生み出されたテキストを享受する読み手との双方にわたる新たな「知覚の様態」の登場に求めた。(28)それは即ち、常に／既にそこにあるが、そのようには認識されていなかったものの発見とも換言できる。そのことはまた、狭義の文学作品に限らない言語表象とその受容をめぐって見出される事柄だといえるだろう。そのような理解に立つとき、「豆手帖から」と「秋風帖」に描かれていた「景観」あるいは「風景」の特質は、対象がもつ複数の側面や性格を各節ごとに複層的なものとして描き出す点――それは、「何が書かれているか」と「どのように書かれているか」の双方の視点から検討することで理解できる――にこそ求めることが可能になる。そしてそのような描き方が双方のテキストにおいて一五節以上にわたり繰り返されることは、対象がもつ複層性を掘り起こすとらえ方を読み手に繰り返し提示する試みとして理解できるようになるだろう。その試みは、両テキストの中の任意の一節のみに目を向けた読者にも差し向けられるものであり、数多くの節を通読した読者であれば、その節の数だけ件の試みを享受するものとなる。(29)そしてそのような試みは、読み手がテキストの外の「生活」との関わりにおいて、検討対象として何を選び取ることができるのか、更にはどのようにそれを考察できるのかという点にもその手掛かりを与えるという点で、読み手に影響を及ぼし得るものといえるだろう。

以上の検討をまとめると、「豆手帖から」と「秋風帖」がもつ表現傾向の意義については、対象そのものに向き合った記述を蓄積していくボトムアップ的なスタンスを基本として、読者の関心を広く喚起しつつ、同時にそれとは異質な視点をも担保しながら、読み手における物の見方や思考法のレベルにまではたらきかけ得る点に求められる。(30) そのような傾向は、文化全般にわたる大衆化状況の中で、娯楽や物見遊山のための情報提供をするのではなく、かつ既成の、もしくは確定的な知識を授与するのでもなく、そこで対象がもつ複層性に関する読み手の気づきや自発的な思考が展開される余地を保つという点で、テキストが読まれる時点とその先において効果をもち得る表象を提示する試みとして評価できる。そのような点を、両テキストにおける読み手への関わり方として結論づけられる。

今後の課題としては、「海南小記」がもつ表現傾向の分析から、件の両テキストによって試みられた表現方法が、具体的な現れ方は変わりつつも本質において継承された点を実証的に跡付けることがあげられる。更には、一九二〇～三〇年代にかけて文化全般にわたり大衆化状況が進展する中で、一般読者に対していわば間口を広く用意しながら、しかし安易な対象の意義付けを阻む、柳田による表象の展開を追跡する作業も想定される。そこでは、一九三〇年前後に発表される「民俗学」における対象への向きあい方を説くテキストに認められる事態(31)や、大正デモクラシーから普通選挙実施へ向かう時代動向の中で自ら考える能力の育成を指向した、柳田における「公民育成」との関わりの検討などが重要となるだろう。加えて、それらの検討とも関連する、柳田が一九二四年以降に執筆した『東京朝日新聞』の「論説」を辿り総合的に分析する作業も考えられる[32]。その一方では、一九二〇年代における、文学、美術、思想といった隣接文化領域での大衆化状況をめぐる対応や動向を参照していく作業も有益であるだろう[33]。それらは全て、柳田研究と、一九二〇年代をいわば胚胎期として三〇年代に確立する「民俗学」における発生過程との双方に新たな光をあて得る営みとして、今後の発展的な検討課題となる。

注

(1) 小田富英編『柳田國男全集　別巻二』(筑摩書房、二〇一九、一二八～一三一頁)より。
(2) 山本武利「マスメディア論」(浅尾直弘ほか編『岩波講座日本通史　一八(近代三)』岩波書店、一九九四、二九一頁)より。
(3) 山本武利「大正・昭和戦前期の新聞読者層」(『近代日本の新聞読者層』法政大学出版局、一九八一、二〇四～二四五頁)より。
(4) 竹村民郎『大正文化　帝国のユートピア』(三元社、二〇〇四、一二七頁)より。
(5) 吉本隆明「あとがき」(『柳田国男論集成』ＪＩＣＣ出版局、一九九〇、三〇二頁)より。

（6）一九二〇年という時点における新聞との関わり方として、文学においては、大衆的な読者層を開拓した「通俗文学」の代表作である菊池寛「真珠夫人」が、六〜一二月に『大阪毎日新聞』『東京日日新聞』に連載発表されている。
（7）この教材の評価については、幸田国広「益田勝実「現代国語」論の特質（1）——二分化（「現代国語」／「古典」）批判としての「清光館哀史」教材化」（『国語教育史研究』五号、二〇〇五）が概略の整理と問題点の抽出を行っている。本章ではこの問題を、今後の発展的な検討課題とする。
（8）益田勝実「一随想　清光館哀史」（『現代国語　学習指導の研究　三』筑摩書房、一九六五、二四頁）参照。
（9）神島二郎、伊藤幹治『シンポジウム　柳田國男』（日本放送出版協会、一九七三、六九頁）より。
（10）柳田国男研究会編『柳田国男伝』（三一書房、一九八八、五二五〜五五三頁）より。
（11）石井正己「柳田国男の「豆手帖から」の旅の検証」（『テクストとしての柳田国男——知の巨人の誕生』三弥井書店、二〇一五）参照。
（12）中野重治「短篇小説の話」（『勤労者文学』二号、一九四八）参照。
（13）注5と同じ。ただし、「第一部　柳田国男論」のうち、特に一七四〜一八六頁参照。
（14）武笠俊一「「清光館哀史」の旅——柳田國男の女性史学の転換点」（『京都民俗』三五号、二〇一七）参照。
（15）長谷川政春「旅と紀行文めぐって——柳田国男論序説」（『国文学　解釈と鑑賞』五六巻一二号、一九九一、一九〜二〇頁）より。ここで挙げられている吉本の論説を確認すると、『後狩詞記』（一九〇九）において柳田が「山や平地の景観」を「生活史としてみる見方を確立した」と述べる文章がある（注5と同じ。ただし、一六四〜一六五頁）。この吉本の見解は、明治末に公表された『後狩詞記』に関する指摘であり、「豆手帖から」には言及されていない。なお「秋風帖」に関しては、「還らざりし人」や「野の灯山の雲」

の一節が引用されているが（注5と同じ。ただし、一七四〜一七六頁と一八〇〜一八一頁より）、それは柳田における菅江真澄への傾倒や、柳田の著作の中での俯瞰的な景観描写への注目を示すにとどまるといえる。そのような認識のもとで、本章では以下、「生活史としての景観」というタームを長谷川における用法にもとづいて取り扱う。

（16）明治期の「紀行文」がもつ内容と文体の多様性は、饗庭篁村ほか『明治紀行文学集』（明治文学全集九四、筑摩書房、一九七四）で概観できる。「紀行文」研究の進展に関しては、高須芳次郎「明治の美文と紀行文」（『日本文学講座　一二』改造社、一九三四）、和田謹吾「事実への傾斜――『蒲団』前後」（『描写の時代』北海道大学図書刊行会、一九七五）、宮内俊介「初期田山花袋論――紀行文と小説の谷間」（『藝文研究』三六号、一九七七）、藤田叙子「紀行文の時代（一）――田山花袋と柳田国男」（『三田國文』三号、一九八五）、持田叙子「〝紀行文の時代〟と近代小説の生成――習作期の田山花袋を中心に」（『國學院雑誌』八七巻七号、一九八六）、五井信「鉄道・〈日本〉・描写――田山花袋の紀行文『草枕』をめぐって」（『二松学舎大学論集』四三号、二〇〇〇）、佐々木基成「〈紀行文〉の作り方――日露戦争後の紀行文論争」（『日本近代文学』六四号、二〇〇一）等が重要である。なお、小川直之が指摘する、一九三〇年代の柳田が近世期の「紀行文」等を民俗学の前史としてとりあげる事態（「紀行・国学から「郷土研究」へ」、小川直之、新谷尚紀編『講座日本民俗学　一　方法と課題』朝倉書店、二〇二〇、一〜四頁参照）との関わりについては、継続的な検討課題としたい。

（17）山本鉱太郎「大正〜昭和期のガイド・ブック」（藤原進編『人はなぜ旅をするのか　九　陸海空〝旅行〟の時代』日本交通公社出版事業局、一九八二、九二〜九四頁）より。

（18）更にその他の傾向としては、野村典彦『鉄道と旅する身体の近代――民謡・伝説からディスカバー・ジャパンへ』（青弓社、二〇一一）が多く紹介している鉄道旅行に関する著作群があげられる。

(19) 注18と同じ。ただし、一六三～一七四頁参照。

(20) 岡田俊裕「小田内通敏の地理学・地理教育研究」（『日本地理学史論――個人史的研究』古今書院、二〇〇〇、一四八～一四九頁）参照。

(21) 本章で番号を付した15節以降に関しては、初出時には発表回が付されていない。更に14、15節については、初出時に同じ一四回目として掲載され、単行本収録時には順序が入れ替わる。なお、1節、2節、10節については、単行本収録時のタイトルがそれぞれ「仙台方言集」「失業者の帰還」「二十五箇年後」となる。

(22) 5、7、12、17節では、地の文にくだけた会話調の表現が多用されている。このような傾向は、語り手が記述内容をコントロールする度合いを下げるものといえる。つまり整った文章を記す主体（語り手）のほうが、記述内容に関する信頼度が高いという理解である。5節では表面上語り手が不在となり、村人のキャラクターのみが前景化する。7、12、17節等では、記述の素材となった実際の旅館や船、土地の女性に関するネガティブな評価ともなり得る記述に関して、それを語る主体（語り手）の信頼性を揺るがせることで、批判を軽減させ得ると理解できる。

(23) 中野重治は、更に件の人物が示す、機械の没収に対する反抗意識を見出している（注12と同じ）。

(24) 柳田の著作展開の中における両テキストの位置付けについて、詳細な検討は今後の課題となる。現状では、それ以前に分散した形で存在した柳田の視角や問題意識が、この機会において大衆化状況との対応を見出せる断章形式として集成されたととらえている。即ち、それまでにない視点が登場したというよりは、既に生じていたであろう視点や関心が、特定の目的のもとに組み合わせて用いられたという認識である。なお、それ以前の柳田における断章形式のテキストとしては『遠野物語』（一九一〇）があげられる。ただし、このテキストの主眼は、「編著」という体裁をとるテキスト構成と、本文における断章形式とを相乗的に用いることで、テキストを統括する主体（語り手）の存在や力を緩和させる点にあったと考えられ、そのような試みは明治四〇（一九〇七）年前後の「自然主義文学」における統括的なテキスト構成の確立に対する反措定として理解できる。このような次第については本書第一章でふれた。

(25) それを「何が書かれているか」という視点から改めて見直すと、両テキストでは、地域における人、物、経済事情、習俗、動植物等に加えて、そこを通りすぎる旅人（調査者や移住民）や、そこを離れて帰らなかった人物（菅江真澄）をも地域の一部として、表象の対象に含むことがわかる。

(26) それは、国際政治経済面に既に目を向けている読者には、そのような領域に関わり得る新たなアプローチを提示することができ、逆にそのような問題と直接の関連が薄い様々な職種、階層の読み手に対しては、件のテキストに付されたタイトルや文章の取り組みやすさを通じて、その紙面に導く役割をも担い得たと推測される。

(27) 注15と同じ。

(28) 柄谷行人「風景の発見」（『定本　日本近代文学の起源』岩波現代文庫、岩波書店、二〇〇八、二七頁）より。

(29) そのようなテキストの試みが改めて展開される機会として、単行本収録の場面があげられる。もちろんそこでは、単行本に収録されたほかの文章や、単行本の発行時における時代状況との関わりも新たに生じる。

(30) そのような事態を、本書第一、二章で検討した柳田の試みと比較するならば、そこで検討した諸テキストにおいて垣間見られた、言文一致体やそれに由来する「中性的」で「透明」なエクリチュールに対する批評意識（もしくは懐疑）が後景化する一方で、一九二〇年代以降は、対象とする読者層の変化ともあわせて、むしろそれを活用する方向へ転じたとも見立てられる。その背景には更に、山本正秀が夙に指摘した、一九二一〜二二年にかけての『東京朝日新聞』を含む「大新聞」における、「社説」にまで及ぶ「全紙面」の「言文一致化」も想定されよう（『近代文体発生の史的研究』岩波書店、一九六五、五四〜五五頁参照）。

（31）その検討のための足掛かりとしては、柳田の『青年と学問』（日本青年館、一九二八）のうち、「郷土研究といふこと」「地方意識と歴史」に認められる、これまでの学問における国や民族の同一性への演繹的な理解を批判しつつ、「それを真底から体得し得るのは、やはり各地方の個々独立した研究の結果でなければならぬ」とする一節（二六八〜二六九頁）や、同『郷土生活の研究法』（刀江書院、一九三五）のうち、「今後の採集」に認められる、資料採集に関して「これだけは我土地にしかないだらうと信じて、頻りにその珍しさを強調するものと、こんなことは尤もありふれた世間並だらうと思つて、一向に注意を怠るもの」の双方を批判する記述（六五〜六六頁）、更には同『民間伝承論』（共立社書店、一九三四）のうち、第四章の「二　所謂劃地主義」に認められる、「事象そのものを現象として、ありのまゝに凝視し、「わかつて居る」、「当り前だ」といはれて居る其奥の真理を洞察する」ことを調査対象への向き合い方として提唱する文章（八七〜八八頁）等があげられる。

（32）『東京朝日新聞』に掲載された柳田によるほかの文章、特にその論説記事に関しては、岩本由輝（『続柳田國男——民俗学の周縁』柏書房、一九八三、八九〜一五二頁）や、『柳田国男伝』（注10と同じ。ただし、六七六〜七〇五頁）等に基礎的な整理と言及がある。そこでは論説記事の主題に関して、普通選挙、軍縮、農業関係、米と繭、皇室、更には文化、教育、社会等の区分がなされている。これに関して、「どのように書かれているか」という視点からの分析を施すことは今後の作業となる。

(33) 例えばこの時期の文学においては、一九二〇年前後に戦後不況の中での小規模な安定産業として経済的に自立する「文壇」を前提として、その中での日常的な出来事や交友関係を題材とする「私小説」が葛西善蔵のテキストを典型として成立し、展開しはじめる。そのような次第については、山本芳明「大正八年、文壇の黄金時代のはじまり」(『カネと文学──日本近代文学の経済史』新潮社、二〇一三)や、宗像和重「大正九(一九二〇)年の「私小説」論──その発端をめぐって」(『学術研究 国語・国文学編』三二号、一九八三)が検討の基礎となる。それと同時に、読者層の新たな拡大に対応する「大衆文学」(前出の「真珠夫人」を代表とする)や、一九一〇年代後半以降の社会的・経済的状況と、そこから多発した小作争議や労働争議を背景とする「プロレタリア文学」(『種蒔く人』は一九二一年に創刊)等が揃って登場する。そのような「大衆化状況」を不可欠の要因として登場した文学傾向が、その後一九三〇年代にかけて文学における主要ジャンルとして並立・展開していく。

第四章 「海南小記」の場合

Ⅰ はじめに

本章では、柳田國男が一九二一年に『東京朝日新聞』に発表した「海南小記」を検討の対象とする。これは、前章で検討した「豆手帖から」「秋風帖」に続けて同紙上に掲載されたテキストである。本章では前章と同様の問題意識から「海南小記」を検討し、それがもち得た同時代的な意義を見出すことを目的とする。そのために、柳田における転機と新聞媒体における転機との重なり(1)や、山本武利における新聞媒体の変質に関する指摘、(2)そして竹村民郎における大正期の大衆化状況への向き合い方についての提言等を、(3)前章と同様にふまえた論述を展開していく。また、論述を進めるうえでの立場についても、このテキストに関して「何が書かれているか」という点以上に「どのように書かれているか」という点に比重をおいた検討を行い、そこからいかなる読者へのはたらきかけが見出されるかということを、発表媒体の性格をも視野に入れつつ論じていく。なお、検討を進めるうえでの立場については、吉本隆明における柳田の文体についての見方[4]をふまえる。そのような点においても、本章は前章と同様となる。

加えて、「海南小記」に関する、初出テキストと単行本収録との関係についても前章と同じ立場を選ぶ。即ちここでは、「海南小記」をその初出時の状況を重視して検討することとし、このテキストを、一九二五年に大岡山書店より刊行された単行本『海南小記[5]』に収録されたものとして論じることに関しては、それを留保する。ここで重要なのは、一九二一年というタイミングで新聞に連載発表されたこのテキストにおいて、どのような話題や文体、全体の構成が選ばれたかを検討すること、更にはそこから柳田における一般読者への向き合い方を明らかにすることである。そしてそれらは、単行本収録を前提とした検討では看過されてしまう事柄となる。なお、前章で論じた「豆手帖から」と「秋風帖」については、数多くの断章を集積した形式で構成されつつ、その各パートが一つの表現傾向を共有するという特徴をもっていた。そのようなテキスト構造の点で「海南小記」は共通点をもつ一方で、その表現傾向の内実に関して「海南小記」が異なる側面をもつことをこれから論じていく。

そこで、今後の検討を進めるうえで部分的あるいは間接的に関わる研究成果を、次の四点にわけて整理し、確認しておきたい。まず第一に「海南小記」のテキストを単独でとりあげ、一部の表現傾向に言及するものである。これに関しては岡谷公二の検討があげられる。岡谷は、単行本の中での独立したテキストとして「海南小記」をとりあげ、このテキストに、感性でとらえられるものへの関心があることを述べ、豆腐の白や、コバ（蒲葵）の葉の緑に注目する。更に、すぐれた紀行文である一方で、沖縄に入ると表現のトーンが変わることを述べ、一見のどかに見える「海南小記」に「地雷原」が潜んでいるという評価も述べる。(6) これは、後の研究の展開を触発したという意味として理解できる。ただしこの論考では、初出時のコンテクストは考慮されていない。本章では以上のような見解をも含みながら、より包括的かつ新たなテキスト理解を提出する。

第二には、単行本としての『海南小記』をとりあげ、その中のほかの収録テキストとの関連を含んだ形で「海南小記」の表現に言及するものをあげる。これについては、東郷克美や島村幸一の議論が注目される。東郷は、南に日本の起源を求める傾向を確認したうえで、テキスト全体を「支配」する「ある寂漠の感情」を指摘している。(7) また島村は、南に起源を見出す点のほかに、このテキストがもつもう一つの魅力として、「名も無き人々の生活」を描いたことを述べている。(8) この観点については、長谷川政春が、単行本としての『雪国の春』『秋風帖』『海南小記』に共通する表象として指摘した「生活史としての風景」という観点(9)を継承するものと理解できる。なお酒井卯作は、単行本に収録された「海南小記」を対象として、各節ごとに注釈や補足を施すと同時に、独自の考察も展開している。(10) 本章では、単行本所収のほかのテキストに依拠しない読解をめざし、テキストの具体的な表現分析を積み重ねていく。また、アラン・S・クリスティは「海南小記」における多くの沖縄と琉球に関する記述をとりあげつつ、この地の「現状を見過ごして（その彼方にある）神話的な過去を見ようとする」柳田のスタンスを指摘している。[11] 本章では、「神話的な過去」や「上代」への指向だけには収束せず、むしろ「大衆化状況」に向けてなされた柳田の試みを明らかにする方向で検討を進めていく。

第三には、「海南小記」の執筆状況や、素材となった旅の行程に関する研究があげられる。これについては、柳田國男が件の旅に際して携帯した手帳の記述を紹介し解説した『南島旅行見聞記』[12]や、そこにおける記述も取り入れつつ関連する情報を整理した『柳田国男伝』の成果[13]が参考となる。本章ではそのような旅程も視野に入れつつ、「海南小記」が旅を素材としたテキストとして別の表現形態になり得た可能性までをふまえながら、「海南小記」で実現された独自の表現傾向を見出していく。

そして第四には、「海南小記」の表現分析には踏み込まず、ただし単行本としての『海南小記』に注目し、それがもつ柳田の展開、更には南島研究という枠組みにおける重要性に注目するものがある。これについては、まず民俗学研究の方面での代表的見解として、福田アジオ[14]や伊藤幹治[15]の論考をあげることができる。また民俗学以外、もしくは境界領域的な視点と立場から提示された影響力の大きい論説として、村井紀[16]や子安宣邦[17]、赤坂憲雄[18]の見解も注目される。これらの論者の見解に共通する論点として、『海南小記』およびその素材となった旅がもつ意義を、柳田が、沖縄を「日本」の古い姿を残す土地として発見した点に求めていることがあげられる。そこで民俗学研究においては、その点が学問の基礎をなしたものとして肯定的に評価され、民俗学以外、もしくは境界領域的な視点と立場からはそのようなスタンスが「周縁」の確定や「日本」の特権化へとつながるものとして批判されるのが基本的な評価傾向だと整理できる。なお、そのような柳田研究における、いわば通説ともいえる理解に対しては赤嶺政信の反論がある。赤嶺はそこで、柳田國男の沖縄認識について「日本全体の最も古い姿を今に残している」ものとする、あるいは「日本文化の祖型としての沖縄文化」を見出したとする従来の理解は誤りだと述べる。そして沖縄における習俗や信仰に関する独自の変化についても柳田が十分注意を向けていたことを、「海南小記」および『海南小記』所収のほかのテキストもとりあげつつ実証的に論じている(19)。この赤嶺の指摘は、本章の検討とも呼応するものとなる。本章では、「海南小記」を「日本」の起源の発見とする先入観をもつことなく、具体的なテキスト分析を重ねることから新たな意義を見出していく。

以下本章では、先に述べた、「海南小記」をその初出時の形態と周辺状況のもとで検討し、このテキストに認められる読み手への関わり方を明らかにするという目的に向けた作業を、表現分析を中軸として行っていく。Ⅱでは本章の検討を進めるうえでの周辺事情を整理し、Ⅲではテキストの具体的な分析を行う。そのうえでⅣでは検討成果をまとめつつ、本章の目的を達成したい。

Ⅱ　周辺事情の整理

ここでは、「海南小記」においてとりあげられる地域のうち、特に「沖縄」に関して、[20]「海南小記」が紙上に発表された前後の時期における地誌やガイドブック、旅行記等の記述傾向や、「観光」に関する状況をとりあげ、それらと比較対照したときに明瞭になる「海南小記」の性格を浮き彫りにしていく。そのことにより、Ⅲ以降で検討する「海南小記」の表現がもつ傾向や意義をより正しく把握できるようになると考える。

まず、地誌、ガイドブック、旅行記等の記述に目を向けよう。これらの記述傾向を確認することで、同じく沖縄や南島を表現の素材としながらも、「海南小記」ではとりあげられていない要素や、「海南小記」では選ばれなかった記述方向や展開が見出されてくる。

そこで第一に参照したいのは、「海南小記」と同時期に刊行された、親泊《おやどまり》朝擢《ちょうたく》『沖縄県案内』（一九二〇）である。この書物は沖縄に関する総合案内的な書物として理解でき、自然、社会、人文科学の各方面にわたり幅広い項目立てがなされている。目次を参照すると、まずは自然科学的な観点として、「位置及区域／気候／地形及地質／有用植物／動物界」という章立てが用意され、続けて社会科学的観点として、「交通／戸数及人口／職業／外国在留人員並に送金額／土地／産業／

会社銀行／産業組合／行政／大正六年度沖縄県歳入歳出決算／大正八年度歳出予算／議員／郡区町村名／教育」といった章立てが続く。そのうえで人文科学的観点として、「宗教／年中行事及遊楽／沖縄史概略／琉球王系図／商業略史／偉人略伝／文芸及言語」といった章立てが並び、最後に、沖縄地方各地の「区郡誌」が掲載されている。なお、右の章立てのうち「偉人略伝」においては、琉球、沖縄の歴史における重要な王や為政者、著名な政治家や思想家等の事蹟が紹介されている。(21)そのような点で『沖縄県案内』は、特に人文科学的観点で編纂された各章において、後の民俗学および南島研究の領域において重要トピックとなる事柄の情報を多く取り込んだ資料集ともなっており、「海南小記」と併せ読む場合には、そこで扱われる沖縄の歴史的事象に関する基礎知識を提示する概説ともなり得る。視点を変えれば、そのような概説書が既に出版されている時点から「海南小記」の紙上連載が開始されたことになる。沖縄に関する概説的記述以外の点に、「海南小記」の狙いや意義を見定める必然性が見出されるだろう。

　また旅行記の文章に関して発表時期をやや広くとりつつ参照すると、深見麗水「琉球見物（二）」（一九二六）が、沖縄の現状に関する経済的な分析を、当時の「ソテツ地獄」ともよばれた経済的苦境(22)とともに記している。(23)また、辻《つじ》井《い》生《せい》「お奨めしたい琉球旅行」（一九二九）は船を利用した移動と旅行記の体裁をとっており、特に沖縄本島に関して、那覇の孔子廟や墳墓群、更には洗骨の習慣や人力車の多さ、および崇元寺や首里城の守礼門をあげ、更に綱引きや、ハブ、パパイヤ、気候の暑さといった話題を列挙している。[24] これらの文章は、いずれも「海南小記」に登場しない話題や場所、項目を多く記述するものである。[25] このような対照からは、同時代の沖縄社会における緊急の話題からは距離をおき、同時に沖縄本島の名所や独自の習慣や習俗として旅人が知覚できるような対象の記述をも回避する点で、一般的な意味でのルポルタージュや紀行文とも距離を保つといえる、「海南小記」の記述傾向が明確になるだろう。

　更に沖縄を探訪する際の記述の順序や方向性という点にも目を向けると、次のような旅行記の文章が注目される。例えば能登志雄《のうとしお》「先島諸島瞥見記」（一九三五）では、沖縄を訪れ、そこに関わる事物を記載するうえで、語り手自らが台湾から次第に北上するという順序が選択されている。[26] このように南から北へ至るという記述の方向選択は「海南小記」でも選び得たものであり、仮に「海南小記」が戦後に柳田が発表する「海上の道」（一九五二）の先蹤であったとするならば、すでに「海南小記」において南からの北上ルートによる記述が選択されて然るべきであったとすら考えられよう。しかし「海南小記」では九州東南岸から先島諸島、更にはより南にあるとされた伝説の島にまで至る記述の順序が認められる。本章では、そのような点をふまえつつ、「日本人」の北上ルートを辿るのではなく、南に「日本」の起源を発見したということにも必ずしも収束しない、「海南小記」の表現がもつ、より豊かな潜在力を明らかにしていく。[27]

　なお、「海南小記」と「大衆化状況」との関連に注目する本章の立場から、もう一点ここで確認しておきたいのが、沖縄観光や沖縄イメージの形成と展開に関する状況である。それらについては、神田孝治、多田治、櫻澤誠の研究成果があり、沖縄に関する同時代の著作や文献についても、それらの論考においてリストアップされている。まず神田は、戦前期の沖縄への観光客は海運交通の発達を背景に漸次増加したものであり、特に一九三七年に大阪商船が船舶を大型化・高速化させパックツアーを企画してから沖縄観光が注目を集めたとする。そして、沖縄に関するエキゾティックなイメージが「日本」の「内地」において形成されていくのもそれ以降と考えられることを述べている(28)。続けて多田は、現代にまで至る沖縄イメージの変遷を辿る著述の中で、「大正・昭和初期の南島ブーム」をもたらしたものとして、柳田の『海南小記』をとりあげる。そのうえで、特に地元出身者が『海南小記』や、それに続く南島研究の成果をとりこみ、南島のセルフ・イメージ化を行うに至った点を重視している(29)。そして櫻澤は、戦前期の沖縄において、観光はいまだ産業として位置付けられていなかったことを述べ、沖縄観光の産業化は、戦後の特に一九六〇年代における「観光行政」の確立をまってなされるものであり、そこから沖縄観光が現代にまで至る継続的な発展を迎えたことを記している(30)。

これらの研究成果をふまえると、「海南小記」は、結果的かつ事後的に、そして中長期的には沖縄への関心を喚起し、沖縄観光を支えるイメージの形成に寄与したといえるものの、初出発表時の一九二一年からしばらくの期間は、観光の振興には直接つながらなかった記述であることが確認できるだろう。本章においても、「大衆化状況」との関わりを見据えつつ、ただしそのうえで、観光に直結する関心や方向性とは一定の距離を保つものとして、その表現傾向がもつ特質と意義を、Ⅲ以降において具体的に検討していく。

Ⅲ 「海南小記」の表現傾向

前述のように「海南小記」は、『東京朝日新聞』に一九二一年三月二九日から五月二日もしくは二〇日[31]の間にわたり、中断をはさみつつ掲載された。これは、前年一二月から同年二月にかけての九州東南岸および沖縄県への旅行を題材として、おおむね同紙三面に発表されたテキストである。この三面には、国際政治経済に関する報告や分析、および国内の政治経済に関する情報が中心的に掲載されている。[32]そのような紙面に、一行あたり一五文字で一一〇〜一四〇行あまり（約一六〇〇〜二二〇〇字程度）のテキストが三一回にわたり発表された。のちに単行本『海南小記』に収録され、その際に写真や地図が追加される。ただし本文に関しては、内容に大きく関わる改変はない。

テキストの概要を整理するうえで、本章では上記の三一回にわたり発表された文章を、タイトルで区分される各話を基準として三一の「節」に区分するとともに、通し番号を付して扱う。また「小さな誤解」と「干瀬の人生」については、単行本での区分も参照したうえで、同じタイトルとテーマの節が二つ続くものとして扱う。そのようにして全三一節に区分できる各節のタイトルを、1から31までの算用数字とあわせて列挙すると、以下の通りになる。

1からいも地帯　2穂門の二夜　3海ゆかば　4ひじりの家　5水煙る川のほとり　6地の島　7佐多へ行く路　8いれずみの南北　9三太郎坂　10今何時ですか　11阿室の女夫松　12国頭の土　13遠く来る神　14山原船　15猪垣の此方　16旧城の花　17豆腐の話　18七度の解放　19〜20小さな誤解　21久高の屁　22〜23干瀬の人生　24島布と粟　25蘆刈と竈神　26はかり石　27赤蜂鬼虎　28宮良橋　29二色人　30亀恩を知る　31南波照間

これらのタイトルを通覧しただけでも、その話題は多岐にわたり、それらをそのように配列した基準が容易には見出し難いことが理解できよう。「海南小記」の各節の中身に目を向けると、本文の中には、大分県以南の九州東南岸、および沖縄県の様々な地名や島名が大半の節に登場する。テキストの中でそれらはおおむね南下していく順序で登場しているが、しかし旅の目的は必ずしも明記されておらず、初出時には地図も掲載されていない。加えて、Ⅱでふれたように名所・名勝を辿った「紀行文」ともいいがたく、旅先での見聞が特にない節もある。また見聞の要素があったとしても、それが関連する事柄の考察に向けた議論の端緒でしかない節も存在する。総じて、話題は多岐にわたり、各節における行文展開のしかたも単一ではない。したがって各節の連関については、話題となる場所が次第に南下していく点で、移動の感覚や旅の印象を与え得るものの、内容・形式の双方にわたる一貫性や統一性という点に着目すると、そのような点が明確ではないショート・ストーリーが並列されているという印象を抱かされるものといえる。このような点において、「海南小記」は前章で論じた「豆手帖から」「秋風帖」と共通性を多くもつといえよう。

そのような点をふまえ、本章では「海南小記」を、特定のストーリーやプロットがテキスト全体の時系列もしくは叙述の順序に対応して確認できるという意味での線状的なテキストとして読むよりも、全体としてのテキストの中に完結性をもつ短いストーリーが数多く収録された断片的なテキストとして理解する立場を選ぶ。そのような読み方は、Ⅰでもふれたような、「海南小記」を「起源」の発見とする理解を先入観としないことで可能になるものでもある。そのような選択をすることで、件の三一節に及ぶ各節の記述が、その効果という点において一つに収束する表現傾向を共有していることが浮上してくる。

そしてその効果については、各節でとりあげられる事柄が、個別の地域や島、人等において完結するものではないことを示唆すると同時に、それらがもつそれ以外（＝「外」）との関わりへと読み手の目を向けさせる点に求められる予定である。「海南小記」が様々な事象や話題をとりあげつつ、それがもつ「外」との関わりを、影響、因果関係や類似性もしくは一般性として記述するありようや、あるいは「外」との関わりにおいて新たに見出される、事象や話題がもち得る意味を前景化している点を確認していこう。

以下本節では、件の「外」との関わりについて、そのことがどのような範囲で示されているかという観点から、三つに分けて順に検証していく。第一には、「海南」[33]の島々と「ヤマト」[34]との関わり、第二には「海南」の範囲内での関わり、第三には、範囲が明示されない漠然とした「外」との関わりとなっているものである。このような区分による検証をすることで、「海南小記」の表現傾向が明瞭になると考えられる。そして、件の事態が典型的に認められる節をいくつかとりあげつつ、各節の要点を検証していこう。

まず第一の区分に分類できるのは、1、3、7、15、19〜20、25、26、27、30の各節である。これらの節に示される「ヤマト」との間の関わりは従来も指摘されてきたものである[35]。本章では、それらの節で示される事柄を事実確認的な記述とするよりも、描き方の問題として、「ヤマト」までの範囲においてそれとの関わりをクローズアップしたものとしてとらえる。

その中でも典型的な書き方がなされる節として、15節をとりあげよう。ここでは、猪を食する習慣が「ヤマト」と共通することを述べている。畑への動物の侵入を防ぐ仕組みをとりあげながら、沖縄では、かつて那覇の困窮士族が村の公共地である山野に「原屋取《はらやどり》」として部落を作り、明治以後も元の侍が入り込んだことに言及する。更に、畑への動物の侵入を防ぐ仕組みを、国頭《くにがみ》では

「イヌガキ」とよぶが、それは野猪を「イ」と称していた時代に、「ヰの垣」とよんでいた名残だろうとする。「シシ」は食用肉の総称であり、豚は沖縄では一般に「ワ」とよび、年の暮れにはたいていの家で「ワ」を屠り、やりとりをすると述べる。そしてそのような習慣は、「内地」の国々の武家でも共通し、春の初めの猪の料理を重んじていたとする。なお、奄美大島でも山には「ヰノシシ」、里には「ワ」がおり、かつての「大和の京」でもそうだったとする。

また、そのような共通性は、「ヤマト」の側のエピソードから記されることもある。3節では、海で亡くなった人に関する話の類似性をとりあげる。ここで話題になっている九州東岸の地域では、漁師たちは「行方不明を、死ぬより以上の不幸と感じてゐる」として、それゆえ「船の綱」を大切にしていることを紹介する。豊後水道で亡くなった船乗りは皆、船に体を縛り付けていたという。そこから豊後は『舞の本』の百合若《ゆりわか》大臣の故郷であり、故郷を恋こがれる百合若と霊鳥の緑丸の顚末は、「我邦の海の文学であり、且は海の民の深いなげきの声であつた」と記述を展開しつつ、宮古の水納島《みんなじま》にも同様な大和人の漂流談があることにふれ、緑丸が羽を休めた松や、この鷹のための塚は諸国にあり、それらを「故郷は土であり、子孫は唯一の神主であること」と信じていた共通の心情のあらわれかもしれないとする。

以下、第一の区分に含まれるその他の節を確認しよう。1節はサツマイモ栽培の伝播について、本州、九州から沖縄にわたる広がりを述べるとともに、その背景を人間が安く生きる必要に求めている。19〜20節では文字や文芸における「ヤマト」と琉球のつながりについて、久米村三十六姓の末をのぞいた一般の上流社会における文芸の標準は中国ではなく山城の京だったことを記す。更に沖縄の言葉の歴史と変化について、沖縄の文章は不足する語を「内地」から輸入し、文章語が会話に採用されていったことを述べ、中国からの輸入は否定する。25節では炭焼が幸運に恵まれ栄える伝説について、宮古島に類例があるほか、『琉球神道記』の竈神、『大和物語』の蘆刈の話とのつながりも認められるとする。26節では石敢当《いしがんとう》について、八重山諸島には文字のないそれや、石占、ハカリ石に用いるものが認められ、それらはシナからの文字を刻んだものより古く、「ヤマト」からの影響が強いとする。27節は八重山の愛国者に関して赤蜂本瓦《あかはちほんがわら》をとりあげ、今でも赤蜂は八重山で慕われているが、そのような事態は「ヤマト」の伝説にも類例があると述べる。30節では亀が感じる人間への恩義について、船中で聞いた話から、そのような話は「ヤマト」の古典の物語にも認められるとし、それが現前する事態が八重山では今も認められるとする。また、そのようなつながりは風景に関しても見出されており、7節では大隅半島の佐多岬周辺の様子について、豊後から来た炭焼が作った道に従って進み、その岬を国の端とする。そのうえでソテツが自生し、神の林に守られた岬から南方の島々を眺め、それらをそこから先に展開される一列の飛び石とし、それへの起点としてこの岬を改めて意味付けている。

ただし、そのような「外」とのつながりや関わりは、「海南」の島々と「ヤマト」の間だけの問題としてこのテキストに描かれているのではない。続けて第二の観点から区分できる――「海南」の範囲でのつながりを示す――節に目を転じよう。ここには、6、8、12、13、14、21、22~23、24、28、29節が該当する。特に典型的な節として、8節では入れ墨などの習俗について、奄美大島以北と以南がその有無の境界になることに加えて、以南における件の習俗の広がりを述べている。トカラ列島南端の宝島と奄美大島の笠利岬の間は、「土俗の上から観てもやはり一つの堺」であり、女性が物を頭に載せて歩く風習が、奄美から沖縄本島の北部までは額に吊って歩くようになることを記す。また七島では女性が歯を染めるが、奄美以南では手に入れ墨をする。これは沖縄で「ハチジ」とよばれ、現在では老女の手にだけ残る。大島と糸満からの移住者では入れ墨の様式が異なり、沖縄の中でも地域により相違していたが、「指の背を通した箭《や》の形」は、どこも大方同じであったとする。これについては、「女性の物を指さす力が、宗教的に強かつた大昔の世の名残」だろうとする。

また22~23節では、干瀬《ひぜ》(島の周囲のサンゴ礁)という自然条件を共有する島々に認められる干瀬にまつわる生活感覚を刻印された伝承の存在が、その広がりとともに記されている。首里の王城から見下ろせる干瀬の美しさからはじまり、「ヤマト」の都人が大潮の波を恐れた一方で、薩摩や七島、大島ではこの海の岩を賞美することを記す。そして島人にとって「干瀬と生活との干渉は極めて繁かつた」とする。石垣島では「西瓦東瓦の兄弟」が祀られており、「カワラ」は「部落の長」だと考えられると述べる。更に、干瀬は「此島の神代から、文化生活の為には必要であつた」とし、宮古島では干瀬に置き去りにされた老父が鱶に救われ戻る話や、干瀬で親の恨みをはらした話があることを紹介する。また伊良部島には、干瀬で蛸捕りをして岩の穴から手が抜けなくなり、それを助ける代償に妻を求められるが、機転を利かせた妻が、代償として夫婦になったという歌だけをはやらせた話があり、加えて、石垣島の沖で難破した船乗りが干瀬の上を歩いて竹富島から帰ったという話もあることが提示される。

以下、第二の区分に含まれるその他の節を見ておこう。12節は奄美と沖縄本島の関係や歴史について記し、大島は琉球に自然に帰属し、その後も従ったとする。湯湾《ゆわん》五郎の話も例にあげ、それが沖縄の側の空想からだけでは成立しないとする。13節では沖永良部島と沖縄本島の関係について、本島へ訪れる神がいる土地という認識を記す。14節では山原船《やんばるせん》の由来や模様について、それが沖縄本島とその周囲の島に伝播するとともに、船のはじめの物語も同じく認められることを記す。また21節は久高島と琉球王朝とのつながりについて、中山《ちゆうざん》国王が拝みに渡る所以や、尚徳《しようとく》王が逗留したことなどを述べる。24節では島の女性の苦労に関して、布一匹の長さを歩いて往復する織り方や、年貢が粟から織物に変化して以降の、男性と比較して一方的な女性の苦労を記し、その境遇から逃れるには沖縄の官吏に愛されるしかなかったとする。28節では八重山の暮らしぶりに関して、石垣島の楽器の制は沖縄からもたらされたものであり、沖縄から来た士族が恋の曲を残したことを島の「外」との関わりを示すものとして述べる。加えて、宮良橋で村の青年を避けて娘たちが溺れたエピソードも紹介されており、これも島の「外」とのつながりを求めたがゆえのものと理解できる。そして29節は神が村の中を歩く祭に関して、宮良では赤黒の二神があり、それをニイルピトとよぶことを記載する。なおこの村は一度人が絶えた後の移民の村であり、祭もその故郷から伝わったことと、周辺の島にも同様の祭があり、そのような伝播に基づくことを述べている。なお6節では、地の島として、小さな島を次々にとりあげている。その中には2節で話題となる保戸島《ほとじま》も含まれる。ただしここでは一つ一つの島の内情に言及するのではなく、それらの島の名を列挙することで一体として把握し、九州の海岸をそのような島の連なる地域として描き出している。そのような描き方も、島を単独でとらえるのではなく、「海南」の範囲において、それらをまとめて見ることで新たな意味を見出すという点において、この区分に含むことができるものであるだろう。

そして第三の観点から区分できるのが、2、4、5、9、10、11、16、17、18、31節となる。これらは、対象を成り立たせる要素や事態の要因として、範囲が明確ではない「外」との関わりを描き出す――ときにそれは、一般性を伴う事柄として記される――ものとしてまとめられる。「海南小記」には、そのような「外」との関わりも示されていることを見逃してはならない。その典型的な節として、31節があげられる。ここでは笹森儀助の『南嶋探験』（私家版、一八九四）において、波照間の島がハテウルマであり、「うるまの島々の南の果」という意だと推測されていることから記述がはじめられる。この島の人々は波照間の南に「極楽の島」があると信じており、昔、年貢に堪えかねた百姓が「数十人の老若男女」を連れて移住したことをとりあげる。更に沖縄には、移住にまつわり、だまされて離別した夫婦の話があることを紹介する。この話は『今昔物語』の「土佐の妹背島の話」に似るとともに、「台湾の生蕃《せいばん》」にも各蕃社ごとに類似の話があり、「波照間の島の人の始め」も「災後の兄妹」であり、「ノアの箱舟」とも類似することを述べる。加えて石垣島では新しい島を見つけた英傑を「本宮良《もとみやら》」といい、今も慕うと記す。そのように新しい島への指向に関しては、波照間から、沖縄や本土、台湾にも類似の話があることを述べ、移住先のはじめの人間になるという点では、ノアの箱舟とも類似する広がりをもつものとして論じている。

そのような事象の伝播とは対照的に、一つの島に視線を集中させる例もある。2節では、保戸島における生活の種々の相を記している。この節の記述は、潮が悪いため島に足止めをされた語り手が、島の中を見て歩くという体裁で記されている。平地は少なく、傾斜地に「二戸、三戸が一棟の中に」住んでおり、島一つが大家族のようだとする記述や、水を島外へくみに行くこともあり、周囲一里ほどの島の九分どおりは畠で「たういも」を作るが、それでも足りず、燃料や野菜も輸入しているとする記述がある。また、河童の存在や狸にまつわる話も耳にする。更に夜になると祭が催され、「伊勢踊」の歌声が聞こえてきて、老女や未亡人が歌い踊る様子が描かれる。その翌朝、今日の祭の案内に「四浦の村々」へ餅を持参する婦人たちと同船する。そのようにしてこの節では、水や食糧の必要から島の「外」とのつながりが必須である旨が、「外」の範囲を特に限定せずに記載されている。

以下、第三の区分に入れることができる残りの節を確かめていこう。5節では亡くなった人間とその忘却について、それが平和の基礎になると記すとともに、歴史を通じて名が残る者は広い世の中と交渉があった人だとする。9節は島の苦難について、開墾しても人の往来が途絶えることや、飢餓で一度人が絶え、その後の移住により定着した人たちが現在の住人だという歴史を記す。10節は子どもの遊びに関して、奄美大島におけるその現状にふれるとともに、そうなった理由をほかの遊びがないことと、共同体の中における子どもの役割がなくなった点に求める。ここでは、その理由が一つの島に限定されるものではない点が重要である。11節では阿室の神木と神事について、南島の信仰をベースにした、独自な神道信仰の成立を記す。これは、「外」との関わりにおいて新たな信仰が成立したことを述べていると理解できる。16節は旧城から見る本島の歴史について、都の繁栄も昔のこととなり忘れられていくとし、「外」の土地との関わりをもちやすい港のある町の方が栄えたことを述べる。17節は豆腐の流行に関して、その背景に白い色が沖縄でもち得る魅力を見出すとともに、更にそれを作る女性の苦労に言及する。これも考察が女性の苦労に及ぶ点で、一つの島に限定されない一般的な問題に至っているといえる。18節では親孝行の考え方について、ナナユーフイの伝説から、沖縄では親が子を利用する傾向があることを記すとともに、親孝行については「日本人」がそれに関する今後のあり方を講究することができるものであり、それは道徳の成長にもつながるものとして、一般性をもつ問題として提示しているといえる。なお、そのような「外」とのつながりに関しては、特定の人物のありようを対象としても記されている。4節ではある修験僧の人柄について、俗世を離れたかのような僧においても、子どもをなくした悲しみやあとつぎ問題といった世間一般と共通する問題を抱え、決して自足自閉した生活を続けているだけではない様子を描き出している。

以上、全三一節の表現傾向を、いくつかの節については行文の展開を辿りつつ確認した。第一に重要なのは、各節で主題としている旅先に関わる対象を、「外」へのひろがりや、「外」との関わりとともに描く点である。換言するならば、件の記述展開によって対象の姿は、特定の範囲に自足自閉しないものとして示されることにもなる。第二に、更に重要なのは、そのような「外」との関わりを描き出す記述がこのテキストでは三一節にわたって繰り返し提示されている点である。その結果、読み手の側には、テキストを一貫する主題や方向性を必ずしも明確に示さない三一の節が提示され、そこから件のイメージの反復的な享受と、各節の描き方として共通する「外」との関わりという方向に目を向け、それを見出すように誘われるという事態がもたらされ得る。それらのことがこのテキストの表現傾向、およびそれが与える効果として理解できるのである。

Ⅳ　まとめと意義の考察

それでは、これまでの検討成果をふまえつつ、「海南小記」の表現傾向がもつ意義を、読み手への関わり方という点に集約させつつ明らかにしていこう。第一に確認しておきたいのは、島に関する柳田の一九二〇年代における言説傾向と、「海南小記」の表現傾向との対応である。例えば「島の人生」（一九二四）では、特に「三」において、柳田が「海南小記」の素材とした旅の帰路に沖縄本島で講演したとされる「世界苦と孤島苦」の内容が紹介されている。そこでは、沖縄の青年が抱く苦しみの半分は「孤島苦」であり、それは政治・文化にわたり中心に近い者に遮られて、恩恵の均分を望みがたいことだと述べる。と同時に、沖縄諸島の中でも、中心から遠い島においては沖縄本島との関係において同じような事態は生じており、更に「日本」の「中央」も世界の中では「中央」ではなく、「日本」の今の悩みは、沖縄の「孤島苦」と基本的には同じだと記されている(36)。ここで注目されるのは、「外」との関連において、島で暮らす人が抱える問題を考察していることである。と同時に、その「外」の範囲は幾層にもなっており、島の中にのみ目を向けた固有性ではなく、「外」との関わりや、そこにおいて生じる意識・問題に主眼がおかれていることが重要である。

更に「島の話」（一九二八）では、島の「内」にこもることへの批判とともに、「外」にさらされることが弱点とも記す。その一方で一九二〇年代以降の沖縄県の経済問題の行き詰まりは、「外」の力を借りて「内」で同朋を抑えて栄えようとすることに原因があり、そのことを明るみに出した点で、むしろ「将来のためには幸福」だったともする。[37]更に「南島研究の現状」（一九二八）では、沖縄の最近の窮状の主たる原因を「社会経済上の失敗」に求め、特に「誤った消費」をクローズアップする。[38]そしてそれが「日本」全体にも共通するとしつつ、「島帝国全体」がいずれ陥る状況とも述べ、その背景には「外国文明の偏頗なる恩恵」があるとする。[39]

以上の島に関する柳田の言説を通覧すると、島が抱える問題（「孤島苦」）の多くは「外」との関わりから生じているが、同時にそれは除けるものともされていないことがわかる。更にそこでは、「外」との関わり——具体的には「外」とのつながりの多層性——をクローズアップする形で関係性の構図が示されている。と同時にそれは、「内」に閉じこもるべきというメッセージにはなっていないことも明らかであるだろう。そのようにして、地理的条件の限定や制約を理解し、そのうえでどう生きていくかという点に、島に生きる人々の目を向けさせようとする論説であることがわかる。

即ち、上記の柳田における島に関わる言説には、「外」との関わりを前提として島の諸問題を考察しようとする共通点が認められる。その点において、本章がⅢまでに論じた「海南小記」の表現傾向との対応が認められる。そしてそのことは、「海南小記」の表現傾向、およびその背景としての問題意識が、その後の柳田においても継続されたことを意味するであろう。更にそこから翻って、件の問題意識の発端もしくは萌芽が「海南小記」に認められることを示す要素ともなるのではないか。

続けて第二に確認しておきたいのは、Ⅰでふれた、『東京朝日新聞』連載テキストとしての先行作例となる「豆手帖から」および「秋風帖」がもつ表現傾向との対比である。Ⅰでも述べたように、「豆手帖から」と「秋風帖」の表現傾向は、数多くの断章を集積した形式で構成されつつ、その各章が一つの表現傾向を共有するという点などに求められた。そのようなテキスト構造において「海南小記」は件の先行テキストと共通点をもつ。そのうえで重要なのは、その表現傾向の内実に関して「海南小記」の場合は、Ⅲで検討したように、各節の断片的な表象が「外」との関わりを示す傾向を共有する点である。

「海南小記」における、そのような共通性に立脚したうえでの相違点の意味を理解するために、次のような要素をも視野に入れていこう。まず重要なのは、「海南小記」の各節における、様々な対象を「外」とつながりを保つものとしてとらえ、「外」との関わりに目を向けさせていく傾向が、対象のあり方や輪郭を固定化させずに、かつそれ自身のあり方（＝「内」）も一定のものとしない表現法だといえることである。なぜなら、検討対象のあり方やそれめぐる事態を認識するうえで、それを確実なものとする――即ち「内」を確定させる――ためには「外」とのつながりを断つ、あるいは考慮しないことが有益だからである。しかし、その「外」との関わりが常に示されているという状態は、対象に関する時間軸という観点からは、対象の内実の変化を記載する方向へと傾き、空間軸という観点からは、特定の地域に限定されない対象の移動や伝播の記述へと自然に展開し得るものとなるだろう。

そして、そのような時間的かつ空間的に一定しない方向性を担保する表象が、右に確認したように、島の問題を日本が抱える問題と相同的なものとして、かつ世界情勢との関わりのもとで考える柳田の視点と矛盾しない形で定着されていると考えられることをふまえるとき、「海南小記」における件の表象は次のような同時代状況と接点をもつものとして見出されてくる。注目されるのは、第一に、国際連盟およびそれを中心とした国際秩序の構築へ向けた時代の潮流である。第一次大戦（一九一四～一八年）の終戦後、ウィルソン米大統領による一四ヶ条の平和原則の提唱（一九一八年）から、パリ講和会議とヴェルサイユ条約（一九一九年）の締結を経て、国際連盟が成立する（一九二〇年）。「海南小記」が発表された一九二一年は、そのような国際連盟が、超地域的な国際秩序の構築と実践に向けて活動をはじめる時期にあたる。国際連盟の事務局や委任統治委員会を通じた、ドイツやトルコ帝国の旧植民地の処遇や軍縮への指導等を代表例とするそのような活動は、日本が満州事変を契機に連盟を脱退する一九三一～三三年までは、平和協調的な空気の中で、多くの小紛争の調停に成功した。それらは、普遍的な国際秩序の創設とその実効性を確認していく試行に関わる動向としてまとめられよう。(40)

更に第二に注目されるのは、「日本」の中での沖縄の位置付けをめぐる制度的な整備である。屋嘉比収は、一九二一年を、「南島島民の日本「国民化」にとって、文化やイデオロギーの位相における「文化統合」のモメントとして重要な意義をもっていた」と指摘している。(41)また『沖縄県の歴史』には、具体的にそのことは、土地整理と特別制度の撤廃、および全国並み国政選挙の実施を通じてなされたものであり、それゆえにこの時期は沖縄県が近代日本の帝国体制へ完全に編入された時期だとする記述もある。(42)

即ち、以上の時代状況からは、同時代において特定の地域——例えば「海南」の島々や更には「日本」など——に対して、諸々の国や地域から独立したより上位の水準が創出、もしくは確立され、そこから個々の国や地域の問題をとらえるという点で俯瞰的な眼差しと、それにもとづく諸実践が模索されつつ始動していた点を見出すことができよう。重要なのは、そのような時代状況において「海南小記」は、そのような俯瞰的な眼差しと親和性が高いといえる、予め地域の枠組みを区切り、変化という要素をクローズアップせず、同時に変わらない本質を想定したうえでその地域に関わる記述をしていくような(43)——その点でトップダウン的ともいえる——記述方法を選ばなかった点である。むしろ、そのような方向性とは対照的に、断片的な(ただし一つの方向性をもつ)表象の集積としてテキストを構成する形で「海南」と呼ばれ得る地域のイメージを、断片的な表象の集積として、かつ描き方という点で共通する傾向を保ちつつ提示したのが「海南小記」だといえる。それは、予め固定しているのではない、変化と多元性を前提もしくは基礎条件として、地域や対象に関する記述を積み上げていくという点でボトムアップ的な表象のスタンスといえるだろう。そのような傾向は、前章で論じた「豆手帖から」「秋風帖」の場合と同様に、テキストの送り手と受け手の間において、テキストの節の数だけ繰り返される新たな知覚の様態＝「風景」の表象としても理解できるものである。(44)

そのうえで第三に注目したいのが、そのような表象を「大衆化状況」において提示したことの意味、あるいは影響ということになる。ここでは、「大衆化状況」を、文化の受け手が作り手にもなる存在として急拡大する時勢としてとらえる。そこで「海南小記」をふりかえると、このテキストが「海南」の島々に目を向けさせるものであることが、まずは明らかである。更に確認すべきなのは、そのことが観光案内や地誌のような立場や視点から記されるのではなく、『東京朝日新聞』の政治経済面に掲載されており、その点からは、「海南」の島々が国内外の政治経済的な視角や視点からも問題化することができ、かつそこで考えられる課題となり得ることを示しているといえるだろう。そしてそのテキストは、多様な読者に向けて、その多様な関心の受け皿ともなり得るものとして、その節の数に対応した様々な話題を選んで構成されている。それは当初から南島研究者に向けて書かれたものではなく、むしろこのテキストが一つのきっかけとして、後に南島研究が生じ、盛んになっていく端緒をなしたものである。重要なのは、そのようにして「海南小記」が「大衆化状況」における、読み手の側のものの見方や問題の見出し方に関わるはたらきかけとなり得た点である。

その一方でこのテキストが、「海南」の島々が「ヤマト」と関わりをもつ旨を提示している点に関しては、もしテキストの内容がそれのみであったならば[45]日琉同祖論の一環として理解すべきものとなろう。しかし重要なのは、「海南小記」においては、「ヤマト」だけではない「外」との関わりも示されていることであり、そこから同祖論のみを読み込むのは、テキストの一部のみをとりあげた読解となるのではないか。すでに述べたように「海南小記」では、「外」の範囲が様々なものとして提示されており、そのことは、「外」と対になって生じ得る「内」についても様々になることを意味する。それは即ち、確固たる一組の「外」と「内」が生じない事態とも換言できるだろう[46]。「外」も「内」も必ずしも明確ではない形で、たとえ分割線があっても、それらはそこで扱われる話題やトピックごとに一致するものとはなっておらず様々であり、ただし「外」への広がりを見出す視線の方向性は貫かれているのが「海南小記」だといえる。そのような特質は、「海南」の島々はもちろんのこと、「日本」や更には特定の地域以外の対象に関しても、それのみで自閉もしくは完結していないあり方に目を向けさせるものといえる。

それは何かがもつ現在のありように加えて、その過去と未来についても、それ以外との関わりのもとに対象を理解しようとするスタンスであり、対象に関して固定したありようを見出すよりも、むしろ変化を本質とする考え方と親和的であるだろう。そのような変化の可能性を担保する事象を多くの観察点にわたってとりあげたものとして、このテキストは理解できる。そのような立場を選んだときに、個々の島や地域、そして対象がもつ「固有性」とよぶべき要素についても、それ以外との関わりや、自らの変化、および多くの関連する要素の多層的なつながり等を前提とした新たな次元において考察可能になるのではなかろうか。

新しい文化の受け手、担い手に対して、島や「日本」に対する考え方を、普遍的な国際秩序の模索期という点でアクチュアルでもある事柄として、ただしあくまでボトムアップ的な表象のスタンスから、固定的ではないものとして示すこと。それは、土地と人間、更には文化の関わり方を所与の確定的なものとするのではなく、[47]その点において読み手の側に継続的かつ主体的な思考を促し得るものであり、それらの関わり方に新たな事態をもたらす、ときには何かを変革していく主体性の涵養や促進ともなり得るのではないか。その点に『東京朝日新聞』連載テキストとしての「海南小記」が促す読者へのはたらきかけと、それがもつ意義を求められると、本章は主張したい。

今後の展開としては、柳田における国際連盟委任統治委員の期間（一九二一〜二三年）を挟んだうえでの、単行本『海南小記』の出版に関する経緯や、それをふまえたうえでの他の収録テキストとの関連、更にはそこからの単行本全体の性格の再検討があげられる。そのほかにも、そこから可能になる柳田國男に関する理解の修正や、更には「海南小記」以降の南島研究の展開を改めて見直すこと等が考えられよう。その一方『東京朝日新聞』との関わりという視点からは、一九二〇年代を通じた柳田における同紙上での「論説」を中心とした執筆傾向の追跡、および同社が出版した書物や雑誌に認められる柳田の筆致を検討する作業も課題としてあげられる。そしてそれらに通底する、一九二〇年代以降の「大衆化状況」のもとにおける柳田の営みに光をあてる作業も重要となるだろう。それらは全て、今後の発展的かつ継続的な検討課題となる。

注

(1) 小田富英編『柳田國男全集　別巻二』(筑摩書房、二〇一九、一二八〜一三一頁)より。
(2) 山本武利「マスメディア論」(浅尾直弘ほか編『岩波講座日本通史　一八(近代三)』岩波書店、一九九四、二九一頁)、および同「大正昭和戦前期の新聞読者層」(『近代日本の新聞読者層』法政大学出版局、一九八一、二四四〜二四五頁)より。
(3) 竹村民郎『大正文化　帝国のユートピア』(三元社、二〇〇四、一二七頁)より。
(4) 吉本隆明「第一部　柳田国男論」(『柳田国男論集成』JICC出版局、一九九〇、三〇二頁)より。
(5) 単行本収録テキストは、「自序」と「海南小記」のほか、「与那国の女たち」(『太陽』二七巻四号、一九二一）、「南の島の清水」（『国粋』二巻五号、一九二一）、「炭焼小五郎が事」（書き下ろし）、「阿遅摩佐の島」（一九二一年二月における久留米市中学明善校での講話）、「附言」となる。
（6）岡谷公二「「海南小記」を読む」（『国文学　解釈と鑑賞』七二巻一二号、二〇〇七）参照。
（7）東郷克美「『海南小記』――海上の道への始発」（『国文学　解釈と鑑賞』五六巻一二号、一九九一）参照。
（8）島村幸一「『海南小記』」（野村純一ほか編『柳田国男事典』勉誠出版、一九九八）参照。
（9）長谷川政春「旅と紀行文をめぐって――柳田国男論序説」（『国文学　解釈と鑑賞』五六巻一二号、一九九一）参照。
（10）酒井卯作『柳田国男と琉球――『海南小記』をよむ』（森話社、二〇一〇）参照。
（11）アラン・S・クリスティ、伊藤由紀訳「上代日本の幻想――柳田国男『海南小記』における沖縄の同化」（R・A・モース、赤坂憲雄編『世界の中の柳田国男』藤原書店、二〇一二、二一五頁）より。
（12）柳田国男著、酒井卯作編『南島旅行見聞記』（森話社、二〇〇九）参照。
（13）柳田国男研究会編『柳田国男伝』（三一書房、一九八八）第七章第三節を参照。そこでは、奄美への訪問が旅の行程では帰路であったことも記される。なおテキストの記述の順序については、沖縄諸島の南限や台湾から出発し北上するルートもあり得たといえる。そのような文例については、注26を参照。
（14）福田アジオ「解説」（『柳田國男全集　二』筑摩書房、一九八九）参照。
（15）伊藤幹治『柳田国男と文化ナショナリズム』（岩波書店、二〇〇二）参照。
（16）村井紀『新版　南島イデオロギーの発生――柳田国男と植民地主義』（岩波現代文庫、岩波書店、二〇〇四）参照。
（17）子安宣邦『日本近代思想批判――一国知の成立』（岩波現代文庫、岩波書店、二〇〇三）参照。

（18）赤坂憲雄『柳田国男の読み方――もうひとつの民俗学は可能か』（ちくま新書、筑摩書房、一九九四）参照。
（19）赤嶺政信「柳田国男の民俗学と沖縄」（『沖縄民俗研究』二六号、二〇〇八）参照。
（20）九州東南岸や奄美群島に関しても同様の検討は可能である。この作業については今後の課題としたい。
（21）親泊朝擢『沖縄県案内』（私家版、一九二〇）参照。
（22）「ソテツ地獄」の概略について、安里進ほか編『沖縄県の歴史』（山川出版社、二〇〇四、二七八頁）には、「第一次世界大戦後の日本資本主義をおそった世界恐慌の沖縄的発現形態」であり、「世界経済の変節に起因する不況圧力が沖縄において増幅」されたものと記される。その背景として特にあげられるのが製糖業をめぐる事態であり、第一に「零細農民の経営による含蜜糖（黒糖）生産を主としたこと」、第二に「砂糖の国際市場価格が低迷したこと」があげられ、特に一九二〇～二一年にかけて含蜜糖の価格相場が半額に落ち込んだというデータも示されている。更に、第三に国内における「黒糖の需要量」が減少したこと、第四に「商品経済への依存度が高く、諸産業の生産力が他府県にくらべて低い水準にあったこと」があげられている（「近代化・文明化・ヤマト化の諸相」参照）。加えて特に第二の点に関しては、川平成雄『沖縄・一九三〇年代前後の研究』（藤原書店、二〇〇四、一一～一六頁）が、当時の砂糖が「世界商品」であり、沖縄は「世界の砂糖市場機構」に組み込まれていたがゆえに、第一次大戦の開始に伴う価格高騰と、大戦後の主要砂糖生産地の移行による反動的な価格暴落とが生じたとし、事態の展開を分析している。
（23）深見麗水「琉球見物（二）」（『海』六号、一九二六）参照。
（24）辻井生「お奨めしたい琉球旅行」（『海』二〇号、一九二九）参照。
（25）更に、本山桂川『南島情趣』（聚英閣、一九二五）では、島の女性と伝説の記述に主眼がおかれている。また、布田虞花「琉球国記」（『海』二一号、一九三〇）、大野麥風「琉球遊記」（『海』三九号、一九三四）、安藤盛「沖縄風景」（『海』六四号、一九三七）等には、沖縄本島の辻遊郭に関する記述がある。そのうち布田は辻の遊女が音楽の管理者という側面をもつことをとりあげ、大野は内地の遊里と異なるこの遊郭の特性にもふれている。このような点も、「海南小記」がとりあげなかった事柄として確認できる。

（26）能登志雄「先島諸島瞥見記」（『地理学』三―五号、一九三五）参照。

（27）単行本『海南小記』に収録されているほかのテキスト――「与那国の女たち」「南の島の清水」「阿遅摩佐の島」――には、従来、柳田における起源の発見と理解されてきた記述もある。ただし、あくまで単独のテキストとしての「海南小記」では南下ルートが選ばれており、そのような記述の順序は、一九二〇～二一年に『大阪朝日新聞』ならびに『東京朝日新聞』に連載された「炭焼長者譚」に記された伝説の伝播傾向の理解とも重なる。そのうえで、伊波普猷《いはふゆう》が『海南小記』に言及しつつ、その中から「阿遅摩佐の島」をとりあげ、柳田を北上説の論者と解釈した点（伊波普猷『琉球古今記』刀江書院、一九二六、二八六頁等）については、別途検討されるべき課題となるだろう。なお、米倉二郎「沖縄の旅」（『海』六一号、一九三六）では、南下ルートでの記述を行いつつ、さらに台湾にまで至る記述が認められる。「海南小記」でそのような書き方が選ばれなかったことを、一九二〇年ころの日中関係をふまえつつ検討することや、「海南小記」における南下ルートの選択と、『海上の道』における北上ルートの方向性との関係等についても、今後の課題となる。なお、並松信久「柳田国男と沖縄文化――『海南小記』と『海上の道』をめぐって」（『京都産業大学日本文化研究所紀要』二四号、二〇一九）では、『海南小記』と『海上の道』の関連性に注目した分析と考察が展開されている。

（28）神田孝治「沖縄イメージの変容と観光空間の生産」（『観光空間の生産と地理的想像力』ナカニシヤ出版、二〇一二、一四七～一六〇頁および一九〇～一九三頁）参照。

(29) 多田治『沖縄イメージを旅する』(中央公論新社、二〇〇八、五九~八四頁) 参照。

(30) 櫻澤誠『沖縄観光産業の近現代史』(人文書院、二〇二一、二五頁) 参照。

(31) 「海南小記」に関する従来の解題や解説では、この二通りの記載が認められる。初出を確認するための媒体で分類すると、五月二日までの掲載期間になっているのは、朝日新聞クロスリサーチ、日本図書センター発行の縮刷版(『朝日新聞〈復刻版〉大正篇』二〇〇四)、および日本マイクロフィルム写真が製作したマイクロフィルム(一九六二年に製造・販売を開始)である。一方、五月二〇日までの期間となっているのが、原紙発行の一ヶ月後に月刊で刊行された東京朝日新聞社発行の縮刷版(一九二一年四月から六月)である。右のマイクロフィルム刊行に関して『人生の帰り切符は今――日本マイクロ写真株式会社三十年の歩み』(日本マイクロ写真、一九八〇、一六七~一七五頁参照)には、それ以前に朝日新聞本社には創刊号以来のネガ・フィルムが保存され、社内利用のために使われていたこと、およびマイクロフィルムの作成に際しては、創刊号以来の紙面を全面的に再撮影したことが、当時の朝日新聞本社調査部長の言葉を交えつつ紹介されている。本章ではそれをふまえて、五月二日までの掲載期間とする立場を、基本的に選んでいる。ただし、両者において本文に関する大きな異同は見当たらない。後者の掲載期間の場合、「海南小記」の各話が、掲載二回分の紙面にわたり分載された例も多い。なお、東京大学明治新聞雑誌文庫に保管されている原紙では五月二日までの掲載期間となっている。

(32) その中には、第一次大戦後の新たな国際秩序の構築に関わる「軍備縮小論」「海商国の立場から」といった連載記事もあり、柳田が国際連盟委任統治委員として赴任(一九二一~二三年)するジュネーヴで直面し、関与する問題群が見受けられることも注目される。この三面にはそのほかにも、記者および読者から原稿を求める投稿欄なども確認できる。なお、「海南小記」の掲載期間を五月二〇日までとした場合(注

31でふれた東京朝日新聞社発行の縮刷版で記事を追跡した場合）は、更に「南洋の学術的開発　委任統治地の利用」、およびエスペラントの創始者であるザメンホフにまつわる紹介記事、更には歴史上の人物やその事蹟に目を向けた論説や歴史小説的な文章も、同紙面に並行的に掲載された記事として更に加わる。

（33）「海南」という語について、「海南小記」が発表された前後における国語辞典類を参照すると、「南方の海に沿へる地」という語釈が、上田萬年、松井簡治『大日本国語辞典　一』（冨山房、一九一五、六九一頁）、および下中彌三郎編『大辞典　五』（平凡社、一九三四、四七七頁）に共通して認められる。なお現代においても小学館国語辞典編集部編『精選版　日本国語大辞典　一』（小学館、二〇〇六、九五三頁）に「南の海。また、その海に沿った土地」という語釈がある。本章では、「海南小記」における「海南」についてもそのような用法であると理解したうえで、この語を論述に用いる。

（34）沖縄および近世以前の琉球における歴史や文化等を記述する際に、それと対比的あるいは関連するものとして言及される九州以北の地域について、本章では「ヤマト」という名称を主に使用する。このような用法の選択は、「海南小記」の15節等でもなされているものである。

（35）従来の研究では、「海南小記」の内容に関して、「ヤマトとのつながり」のほかにも、「死のイメージ」、更には「女性の苦労」等を指摘するものがあった。それらについては、それぞれ典型的なものとして、15節、3節、24節等が該当するといえるだろう。本章では、それらが指摘する事態をも含みつつ、そのうえでそれらに共通する表現傾向を抽出することを眼目としている。なお、それらの既に指摘された傾向については、読み手の多様な関心をひきつけ得るチャネルの多様性として機能すると考える。

（36）柳田國男「島の人生」（『太陽』三〇巻一〇号、一九二四、七五頁）参照。

（37）柳田國男「島の話」（『青年と学問』日本青年館、一九二八、一四二〜一四五頁）参照。本文でとりあげた部分は、同論文のうち「所謂太平洋政策の内部原因」の節より。なおこのテキストについては、『青年と学問』に掲載された際に、一九二六年一〇月における東京高等師範学校地理学会講演の記録と付記されている。

（38）柳田國男「南島研究の現状」（『青年と学問』日本青年館、一九二八、一五一～一五四頁）参照。本文でとりあげた部分は、同論文のうち「沖縄問題の未解決」の節より。このテキストについては、『青年と学問』に掲載された際に、一九二五年九月における啓明会琉球講演会講演の記録と付記されている。なお本文でとりあげた問題に関して、注22でふれた砂糖の国際相場の急激な下落といった観点は、この時期の柳田の諸テキストにおいては明示されていない。柳田においては、そのような国際資本主義に関わる事象への対応よりも、島に暮らす個々人の認識や心構えの問題のほうに力点がおかれているといえよう。柳田は一九二〇年五月に自らの農政関係の蔵書を帝国農会に寄贈しており、そのような点からも、「海南小記」の執筆時期において、柳田が農政、および農業経済学的な観点とは異なる着眼、あるいは問題意識からの新たな仕事を試行していたことが窺われるのではないか。この寄贈に関する柳田の述懐としては、『時代ト農政』（実業之日本社、一九四八）の「附言」における「第一次大戦後、私は誤解して世の中がすつかり変わつて終ひ、それまでの農政の学問は役に立たなくなるものと考へた」という記述がある。なお、件の寄贈図書の内実や、寄贈に関するいきさつ等については、藤井隆至「柳田国男寄贈帝国農会所蔵図書の現在」（『日本歴史』四二九号、一九八四）と、高橋治「柳田国男の帝国農会寄贈図書――調査報告並びに若干の考察」（『民俗学研究所紀要』三二号、二〇〇八）を参照。

（39）注38と同じく「南島研究の現状」より。本文でとりあげた部分に関しては、同論文のうち、「適用し難き経済調和説」（一五四～一五七頁）、「学問と希望」（一六〇～一六三頁）、および「王国成立以前」（一六五

〜一六七頁）の各節を参照。

（40）国際連盟を、国際秩序の構築をめぐる「普遍的」な機関としてとらえ、そこにおける「普遍性」の創出と「地域性」との葛藤を記述した近年の研究として、帯谷俊輔『国際連盟——国際機構の普遍性と地域性』（東京大学出版会、二〇一九）があげられる。国際連盟の性格に関しては、更に、緒方貞子、半澤朝彦編『グローバル・ガヴァナンスの歴史的変容——国連と国際政治史』（ミネルヴァ書房、二〇〇七）、遠藤乾編『グローバル・ガバナンスの歴史と思想』（有斐閣、二〇一〇）、篠原初枝『国際連盟——世界平和への夢と挫折』（中央公論新社、二〇一〇）を参照した。なお、注32でふれている「海南小記」と同一紙面に並行して掲載された、軍縮、海商国の立場、委任統治地、エスペラント等を扱う記事も件の動向と関わるものである。

（41）屋嘉比収「古日本の鏡としての琉球——柳田国男と沖縄研究の枠組み」（『南島文化』二一号、一九九九）より。

（42）安里進ほか編「近代化・文明化・ヤマト化の諸相」（『沖縄県の歴史』山川出版社、二〇〇四、二七七頁）より。

（43）「海南小記」の表現傾向とは異なる、地域を固定化し得るものの見方や考え方の例としては、一つの普遍的もしくは一般的な視点や価値観を予め用意して、そこから個々の事象を、その下位区分や区分の内実を充足するものとして配置、記述していく構成法による著述があげられる。そのような作例は、「海南小記」と同時期および前後に出版された沖縄に関する著作に少なからず認められる。それらは、現在では沖縄案内や地誌に分類し得る著作であり、そこでは概ね、地域もしくは時代的に明確な区分を用意し、その枠組みの中に関連する事態や事象が記述されている。具体例としては、本文で紹介した『沖縄県案内』

（一九二〇）のほか、笹森儀助『南嶋探験』（私家版、一八九四）、幣原坦『南島沿革史論』（冨山房、一八九九）、田山録彌『日本名勝地誌　一二』（博文館、一九〇一）、石野瑛『琉球大観』（三笑堂書店、一九一五）、島袋源一郎『新版　沖縄案内』（私家版、一九三二）、鉄道省『日本案内記』（鉄道省、一九三五）中の「西南諸島」等をあげることができる。

（44）このような次第については、柄谷行人が述べた「風景の発見」をめぐる議論（『定本　日本近代文学の起源』岩波現代文庫、岩波書店、二〇〇八）をとりあげつつ、前章でも論じた。

（45）明治から大正前期にかけて沖縄や琉球を「ヤマト」との同祖論の観点からとりあげ、その歴史や地理との関連から包括的な記述を試みた代表例としては、幣原坦『南島沿革史論』（冨山房、一八九九）や、伊波普猷『古琉球』（沖縄公論社、一九一一）に収録された言語学的観点を中軸とした諸論考、および横山健堂『薩摩と琉球』（中央書院、一九一四）等があげられる。

（46）そのような点においても、前に紹介した村井紀、子安宣邦、赤坂憲雄等の『海南小記』に対する評価――それらの論考は、Ⅰでもふれたように、単行本としての『海南小記』を主な言及や検討の対象としたものであるが――と本章の理解は異なる。

（47）そのような本章の結論に関わる要素として、特定の文化事象に関する柳田のとらえ方、および「地域」を記述する場合の観点に関する岩本通弥の見解を参照しておきたい。前者について岩本は、「「常民」の葬制の沿革＝変遷過程を柳田がどう捉えようとしていたかを示す」検討として、民間、中央文化、大陸文化、琉球沖縄という四つの区分があることを示す。そのうえで、それぞれにおける変化／変遷とそこに関わる重要な要素が記されていると同時に、それらは相対的に独立性を保ちつつ、ときに相互関連を及ぼし影響をうけつつ、変遷を続けるものとして記されていることを論じる（「戦後民俗学の認識論的変質と基層文化論――柳田葬制論の解釈を事例にして」『国立歴史民俗博物館研究報告』一三二号、二〇〇六、六四～六六頁等を参照)。そのような柳田の論述は多元的・多層的であり、かつ検討要素については相互独立性と相互関連性が保たれており、更に重要なのは、その多元や多層をなす要素が変化するものとなっている点だといえる。更に「地域」を記述する観点について岩本は、文化の受容構造という視角から、新たな解釈モデルの構築をめざす論考として、文化の受容構造論を、自然、社会、文化環境に対する適応という多系進化(特殊進化)論的な傾向をとる一種の変化の解釈モデルとして提示している。そしてその中で、柳田の論説や視角を参照すべきものとしてとりあげている(「地域性論としての文化の受容構造論――「民俗の地域差と地域性」に関する方法論的考察」『国立歴史民俗博物館研究報告』五二号、一九九三、三頁等を参照)。岩本が論じる、柳田の言説がもつ特質については、多元的に地域をとらえ、かつ変化(変遷)を前提としたうえで対象を記述するための理論構築を指向しているものとしてまとめられる。本章の検討成果は、そのような岩本の見解と対応する部分が多いといえる。もちろん、柳田の記述法や思考法に関する具体例の蓄積や、そこから帰納的な理論構築を行う作業は、論者自身における今後の課題となる。なお、これらの岩本の議論は、注19にあげた赤嶺論文の前提ともなっている。

第五章　『蝸牛考』の場合

Ⅰ　はじめに

『蝸牛考《かぎゅうこう》』は、柳田國男が一九二七年に『人類学雑誌』で四回にわたり分載発表した論文を初出とし、それへの大幅な加筆修正を経て三〇年に初版が刊行された。本章では、『蝸牛考』における表現面の傾向に注目した分析を行うことから、このテキストがもつ、過去の言語史をめぐる知見の提示にとどまらぬ、現在から未来に向けた、言語使用という局面を通じた現実関与の試みという側面を明らかにしていく。なぜそのような作業が必要であり、それはどのような意義をもち得るのか。まずは従来の理解の確認・整理からはじめていこう。『蝸牛考』の内容に関しては、例えば次のように簡潔に紹介されることが多い。

カタツムリの方言の全国分布を手がかりに、古い言い方が都（京都）から遠いところに残り、新しい言い方が京都付近に広がることを指摘した。国土の両端から中央に向けて、ナメクジ系・ツブリ系・カタツムリ系・マイマイ系・デデムシ系が順に分布する。方言の地理的分布を手がかりにして、過去の言語史を再構成できることを示し、日本の言語地理学の開拓者的業績と評価される(1)。

そして、そのように言語の分布状況という空間的な事態を、呼称の推移の痕跡という時間的な問題として論じる柳田の説は、「方言周圏論」もしくは「方言周圏説」として、主に民俗学研究や方言研究の領域で受容・検討されてきた。金田章宏の整理によると、特に一九五〇年代以降、前者では、民俗事象の研究に「方言周圏論」を応用し、「遠方」の民俗をより古いものとする「民俗周圏論」の試みが展開された。特に一九五一年に刊行された『民俗学辞典』（東京堂出版）では、その可能性を「民俗の諸種の伝承」に適用できるものとして高く評価したが、岡正雄による「複合文化説」の立場からの批判以降、その適用は限定的なものとされる。一方、後者では、まず東条操における方言区画論の優位性の主張や、金田一春彦による、音声と文法の側面における言語変化が「辺境」において発生することの指摘等を代表とする批判的な検討がなされた。そしてその後、楳垣《うめがき》実における方言周圏論は語彙の側面にのみ適用できるとする見解や、柴田武による糸魚川流域の言語調査をふまえた地域的な周圏分布の発見による再評価が提示されるに至った。[2]

また、一九九〇年代以降は、国民国家論の進展を背景として、柳田の議論から国民国家を構築・維持する理論と共振する側面を看取し、それを批判する傾向も登場した。[3] 例えば鈴木広光は『蝸牛考』の論説に認められる空間認識を問題視し、「〔周圏説〕は、雑然とした空間に「中央」を設定することで辺境を見出し、見出された辺境をまさに「周縁」として位置付けることで「中央」を強化するという秩序に基いて空間を再構成していく近代国家の権力編成の在り方と軌を一にしている」と述べている。[4]

以上のような理解や評価には、『蝸牛考』の理解を「方言周圏論」の側面に限定（もしくは集約）する、あるいは『蝸牛考』全体の記述から独立した形で「方言周圏論」を論じる傾向が認められる。しかし、改訂版『蝸牛考』の「序」では、『蝸牛考』の刊行意図について、「児童と民間文芸」が「国語」に及ぼした影響力の再考を社会的に促すためであったとし、「いはゆる方言周圏説の為に此書を出したもの、如く謂つた人の有ることは聴いてゐるが、それは身を入れて蝸牛考を読んでくれなかつた連中の早合点である」と述べられている。[5] 本章の立場は、そのような柳田の言葉から、「方言周圏論」の提示のみを目的とするのではない『蝸牛考』の表現機構[6]を想定し、右の「児童と民間文芸」を、『蝸牛考』の読者がかつてそうであり、そしてその習慣に所属していた／いるものとしてとらえ、『蝸牛考』を一つのテキストとして十全に――その「内」におけるメカニズムと、そこを起点とした「外」への関わり方の双方にわたり――把握しようとするものである。

本章では、『蝸牛考』の検討において、従来十分な検討と意義付けをされてこなかったといえる、いわば「もう一つの文脈」を掘り起こし、そこから『蝸牛考』の新たな側面を明らかにしていく。そのためにⅡでは、『蝸牛考』に併存する二つの文脈を確認し、Ⅲでは、その文脈の一方が担う『蝸牛考』の中での位置付けとはたらきを論じる。そしてⅣにおいて、以上のような表現傾向とテキストの「外」の状況や情報との接点を探り、そこから見出される、このテキストの試みと意義を明らかにしたい。それは、テキストに対して「どのように論じられているか」という観点からアプローチし、そこから「何が目指されているか」を明らかにしようとする営みとなる予定である。

なお本章では、初版（刀江書院、一九三〇）の『蝸牛考』を基本的な検討対象とし、引用本文をこれに依拠している。その理由は、この初版本が初出論文（『人類学雑誌』四二巻四号〜七号、一九二七）から多くの加筆修正を経て形成され、かつ改訂版（創元社、一九四三）でも、論末における蝸牛の名称に関する索引や分布図以外の大部分の本文が踏襲されている点にある。そのうえで初出論文と改訂版も参照し、議論を展開している。

Ⅱ　各節ごとの要約と基本的な文脈について

『蝸牛考』には、記述の前後を一行空け、小見出しを付した文章の区分が合計二〇箇所認められる。本章では、それを『蝸牛考』における節立てとして把握する。そのように全二〇節にわたる論述を算用数字の「1」～「20」までの番号を付しつつ節ごとに要約し、その論述展開の複雑さを辿ることから検討をはじめよう。そのような追跡を可能にすることを目的として、ここでは、節の小見出しを節番号とともに最初に提示し、その小見出しを主語もしくは主な話題とした記述を行う。そして更に、その節でとりあげられている具体例や補足説明をも取り込むことで、各節ごとの要旨とそれらのつながりを提示する。それは、「どのように論じられているか」という観点から『蝸牛考』を検討するための基礎作業となる。

「1　言語の時代差と地方差」この二つの要素とそれらの連関を、本書の基本的な着眼点として提示する。そして「方言の地方差は、大体に古語退縮の過程を表示して居る」ことを例証するのが議論の目的だとする。

「2　四つの事実」ここでは、本書における四つの分析概念を紹介する。「方言量」とは、対象とする物や行為に関する名称の数であり、「方言領域」[7]とは、個々の名称がもつ「領分」を指す。「方言境界」とは「方言領域」の接触面であり、「数語併存」や「方言複合」を生じる。なお「方言複合の現象」については、実例を以降で紹介する。

「3　方言出現の遅速」これは、個々の名称が発生の時期を異にしているという着眼点である。そしてその間の前後関係を理解するために、文書史料ではなく、「分布の実状」という「客観的なる地方事実」に依拠する必要性を説く。

「4　デンデンムシの領域」ここでは、蝸牛をデンデンムシと呼ぶ「方言領域」の確認を行う。この領域は「国の中央の要地」としての近畿地方を中心に連続しており、マイマイやカタツブリよりも後に都から発生した新語だと考える。

「5　童詞と新語発生」これは、新語の発生には必然性があり、かつ関心を共有する周囲の「群」の承認が必要であったことを述べる節である。蝸牛については、特に「全国の童児」の造語力に注目する必要があることをデエロ系の名称を事例として論じる。

「6　二種の蝸牛の唄」ここでは、「身を殻から出せ」というものと「槍を出せ角を出せ」という二種の歌への注目がなされる。具体的には、デエロやダイロウ等の名称をとりあげ、歌詞の採用と名称の選定とは関連を保ちつつ即応しないことを述べる。

「7　方言転訛の誘因」これは、「古きを新たにせんとする心持」であり、個々の小さな群や集落でも生じていたものとする。特に児童の群は短期間の言語使用度が激しいことを、ヲバヲバ、ジットー、タツボ、メエボロ等の名称を例として論じる。

「8　マイマイ領域」ここでは、一旦全国的にマイマイが普及した後に、一層有力な新語が登場し、大部分を浸食された結果が現在の領域であることを述べる。そのことは、京都以西の諸県において、マイマイの領域がデンデンムシ系によって隔てられつつ、断続して九州の北東に至るという分布状況から推測できる。

「9　その種々なる複合形」これは、方言名称が様々な複合形として登場することの指摘である。特にマイマイを例として、童児の唱えごと等を要因として全国で様々な複合形を生じたことと、マイマイツブロの一つ以前の語がツブロであったこと、および蝸牛をナメクジと呼ぶ方言の存在までを推測する。

「10　蛞蝓と蝸牛」ここでは、それらをナメクジという一つの名称で呼ぶ地域の存在と、一方でそこからツウノアルナメクジやハダカナメクジのようにして両者を区別する傾向が登場することを論じる。ナメクジのナメは、その身体に付着する粘液を意味していたと考えられ、その点で蝸牛の特徴とも共通すると述べる。

「11　語感の推移」これは、名称の由来が忘れられると新しい名称や複合形が登場することを、マイマイを事例に指摘するものである。マイマイは、元来、蝸牛の貝の巻き方に基づく命名と考えられるが、その由来が忘れられると、マイマイドンのように神事に関わる舞踊を行う職業芸術家を指す如き用法も生じたとする。

「12　命名は興味から」ここでは、「我々の祖先の物に名を付ける力」の卓越ぶりを示す例として、ミズスマシの異名をあげる。関西地方ではこれがマイマイとされていたことや、全国の種々の異名がその動きへの関心や田植の時期との関連に由来すると論じる。

「13 上代人の誤謬」これは、『倭名鈔』『和訓栞』『物類称呼』等の文献に残されたカタツブリに関する語源の推測が誤りだという指摘である。語源の究明にはカタツブリ系の分布状態の確認からはじめる必要があることと、その分布が京都から遠い土地に、単独もしくは他の語と併存した様態で認められることを述べる。

「14 単純から複雑へ」ここでは、マイマイツブロとカタツブリに共通した、より古い名称としてツブロ系の存在を推定する。更に、その領域が全国に散在することと、ツブロやツブリという名称が元来、粘土のひもで円筒形の物を作ることを意味しており、それが蝸牛の名称となることの自然さにまで言及する。

「15 語音分化」これは、わずかの語音の変化によって単語相互の区別を付ける傾向をツブロ系を例として論じたものである。ツブラやツブロは、淵の渦巻きや胡座を示す他にも、巻貝の総称として用いられていたと考えられ、そこから分化した様々な物や概念の名称が全国で認められることを説く。

「16 訛語と方言と」ここでは、孤立した領域を形成しているように見える名称が、「無意味無法則」な訛語の発生ではなく、地方的な中心から形成された方言と考えられることを東北地方で認められるタマグラ系の名称を事例として説く。そしてタマグラは物を輪にするという意味をもち、その点でツブラと同系の方言であると論じる。

「17　東北と西南と」これは、語彙が国の両端で一致する例として、蝸牛の名称以外に一〇種以上の言葉をあげるものである。特に東北地方と沖縄との共通性が強調されつつ、「二千年に余る国内移動」が、「中央部」から四方の「辺土」に向けてなされてきたと説く。

「18　都府生活と言語」ここでは、国の端に古い言葉が残る理由が、「都府」とは異なり、気軽に新語を採用しない点に求められる。その事例として、九州のツブラ・ツグラメよりも古い名称として、沖縄本島ではチンナン、八重山群島ではシタダミが認められることを論じ、シタダミが土器作りの際に潰された蝸牛の「しただり」に基づき、チンナンがツグラメとシタダミの接触面における複合現象であることを説く。

「19　物の名と智識」これは、文字をもたない「前代人」において、対象の名を知ることが知識の獲得となり、人と物との関係が密接になると、より適切な新語が作られたことの指摘である。そのような次第を遡る事例として、九州のツグラメの「メ」と八重山諸島のシタダミの「ミ」に注目し、両者の以前に存在したミナという語を推測する。

「20　方言周圏論」ここでは、「是までの仮定の要約」として、「19」節までとは検討の時間的方向を逆転した記述がなされる。そして日本の端々で言葉遣いが一致する理由を、発生の機縁にかかわらず、新語がある期間最も正しい日本語として認められ、後に次の新語がその地位を得たと考える以外にはないとする。

以上のように『蝸牛考』の議論は、ときに蝸牛以外の事例の検討にまで波及しており（「12」「15」「17」節等）、一つの主題に関する端的かつ直線的な論述となっていないことが、まずは理解できよう。その中でも、「1」「2」「3」節は論述全体に関わる基本的な着眼点や方法論を述べる導入的な部分と見立てられ、「20」節は論述全体のまとめを担う部分として仮定できよう。そしてその間の「4」から「19」節は、相互に関連を保ちつつも相対的に異質な狙いをもつ複数の文脈の並存として整理するのが妥当と思われる。

そのような文脈として第一には、蝸牛の名称に関する調査結果からいくつかの分布領域を確定する節があげられる。これには、以上の節番号における「4」「8」「10」が該当することが、まずは節のタイトルから理解でき、更に節の内容までを勘案すると「13」「14」も該当することがわかる。本章ではそれらの節を文脈Xとして把握しよう。これらの節によって、デンデンムシ、マイマイ、ナメクジ、更にはカタツブリ、ツブロ系の分布領域が示され、そこからそれらの前後関係は「ABA型分布」に基づく解釈手法[8]によって推測、もしくは論証が可能になっているのである。そしてそれらは、本章がⅠで確認した従来の『蝸牛考』への理解と対応する内容を扱う節だといえよう。

そのうえで注目されるのが、新語が登場する要因や新語の発生・展開の具体的なプロセスに関する事柄をとりあげている多くの節の存在である。(9) 即ち、新語が登場する要因に関して、「5」や「6」節では小児の造語や歌が注目され、「18」では都の住人による新しい言葉への関心の高さに言及されている。また、「7」や「12」節では、新しい名称への興味や指向が、広く都の住人に限らぬものとして述べられ、「19」では、新たな名を付けることが過去のある時代において知識を習得するための手段であった旨が説かれている。また新語の発生・展開のプロセスについては、「9」「11」節において、単純な名称から複雑な複合形を形成する場合の多いことや、「15」ではわずかな語音の差異によって「分化」していく傾向が述べられ、「16」では特定の地域における独自な新語の展開例までが扱われている。それらを本章では、右の文脈Xと併存するもう一つの文脈(=文脈Y)として把握したい。また「17」節については、語彙の「遠方の一致」という主張を補強する要素として別枠扱いとしておこう。本章がIで述べた問題意識は、右の文脈XとYのうち、特にYが担う論中での位置付けや役割に注目するものとも換言できる。

Ⅲ　もう一つの文脈について

そのような立場から『蝸牛考』をとらえ直すうえで問題となるのが、文脈Yで指摘される内容が、論中の特定の箇所で集約的かつ整序された様態では記述されていないことである。即ち、右の節番号を確認するだけでも、それらの指摘が論中に散在することと、ときに同種の指摘が複数の節にわたり重複（例えば「5」と「6」、「7」と「12」、「9」と「11」）していることがまずは理解できる。そして更に、右の要約では掬い上げられなかった逐一の本文にまで注目すると、本章が文脈Yの指摘内容とする要素は多くの箇所に認められ、件の散在と重複は更に程度を高くする。

そのようにして、このテキストの論説形態と構造を複雑なものにしている文脈Yの意義を理解するために、ここでは二つの論点を導入したい。まず第一に注目するのは、文脈XとYの位置関係とそこから見出される役割分担である。両者の位置関係を確認すると、それは、文脈Xにおいて一つの分布領域が示されると、その領域に含まれる種々の名称の間の関係やそれらの発生を論じるものとして文脈Yの記述が登場し、京都を基準としてより遠方に存在する名称への言及が後続するという基本パターンをもつといえる。それは例えば「4」においてデンデンムシの領域を確定した後に、「5」「6」「7」ではすぐに次の領域へと言及するのではなく、件の領域に含まれるデエロ等の名称へ注目する。そしてそれを「出ろ」という意味をもち、角もしくは身を出せという蝸牛への呼びかけに由来するものとし、そのような事態から新語の発生や転訛の機構を指摘したうえで、「8」において新たな分布領域としてのマイマイに言及するといった展開である。

すると右のような論述は、文脈Xで分布領域が提示される順序に対応しつつ、基本的に「中央」

の事象からその遠方における事態を論じていく方向性をもつ。更に文脈Xは、「1」節で述べられる、「方言の地方差」を「古語退縮の過程」として理解しようとする論述全体に関わる着眼点とも即応している。それらのことから文脈Xは、このテキストの論述を方向付け、その枠組みを提示するものだといえるだろう。それに対し文脈Yは、そのような問題設定に即応してはおらず、右に確認したように集約的かつ整序された論述ではなく、かつ指摘内容には重複も認められる。と同時に、文脈Yで指摘される事柄は、論中においてそれ自体の正しさや妥当性を検証される対象ともなっていない。すると、文脈Yで示される内容は、文脈Xで提示される分布領域とそこから推測され得る前後関係を前提としたうえで、そこで派生的に注目される事象をとりあげる散発的かつ補足的な情報群と考えることができそうである。そこにおいて、文脈Yの指摘内容が論中に散在・重複する必然性や、従来の『蝸牛考』に対する理解が概ね文脈Xの内容と対応する理由も理解可能になろう。

ただし分量的な比重に注目すると、文脈Yを担う節の方が多いことも事実であり、文脈Yの意義を理解するには、更に別の要素を加味する必要があると思われる。そこで第二の論点として提示したいのが、『蝸牛考』の論述における時系列の問題である。まず確認できるのは、「4」から「19」節に至る、名称の分布領域を「中央」からその遠方へと辿っていく基本的な論述の方向性である。そしてそのような空間軸の要素は、時間軸の問題、即ち新しい名称から古いそれへと向かう検討として記述されている。かくの如き論述展開をふまえる限り、『蝸牛考』は蝸牛に関する最も古い名称を探究していく「起源論」の傾向をもつといえる。しかし『蝸牛考』では、そのようにより古い名称への遡行がなされつつ、その指向が貫徹されない点が重要となる。

それを確認できるのが、最終節における論述展開である。まずは、節の冒頭にある次のような記述に注目しよう。ここで言及されるミナとは、その直前の「18」「19」節における沖縄での事例の検討から推測された蝸牛の名称である。

蝸牛はこの日本の島に、多分は日本人が渡つて来るよりも前から、住んで居た動物であつた。其遭遇の最初の時から、既に何かは知らず名があつた。今日知れて居るもの丶中では、ミナといふ語が一番古いらしいから、仮に我々は前の故郷に於て、斯ういふ動物をミナと呼ぶ慣習を持つて居たと想像して置くが、此想像は事によれば破れるかも知れぬ。さうすると少なくとも蝸牛だけに於ては、語音の親を辿つて遠方の同族を探すことが出来ない。何となれば他は悉く此国に上陸してからの発生だからである。

ここで確認しておきたいのは、「日本人」が過去のある時点で「日本の島」に渡来し、そのときに「蝸牛」を示す名称を持ち込んだとされている点である。そしてその名称としてミナが提示され、『蝸牛考』でそれまでに論じられた他の名称は「悉く此国に上陸してから」発生したものとされている。ただしミナをそのような言葉とするのは、あくまで「想像」にとどまるものであり、これ以降の論述においても、渡来時、更には渡来以前における最も古い名称を特定する試みはなされていない。即ち『蝸牛考』では、ミナを語音の近接性から推測することのできる最も古い名称として導き出しつつ、ただしそれより古い名称が存在することを否定することはなく、ミナを蝸牛の名称の起源として特定することもないのである。つまりそれは、ミナを暫定的な最古の呼称とすると同時に、起源の探索を打ち切る行文となっており、そこから、そこまでの「起源論」の性格を帯びた論述は、別の目的を果たし得る手段として転用されはじめるのである。

それでは、その別の目的とは何か。重要となるのは、「20」節が、「19」までの記述全体をうけて、それと拮抗する部分として配置されている点である。そこでは、右の引用部分を端緒として、それまでとは時系列を逆転させた、新語の発生順に従った記述がなされることになる。そしてそれは、既述の内容の確認や要約である以上に、それまでの論述でとりあげた個々の事例や様々な事柄を引き継ぎつつ、それらの間の関連性について新たな知見を付け加えながら、『蝸牛考』の記述全体に新たな、そして最終的な意味付けを試みるものとなっている。その論述は、まずミナからはじまり、ナメクジ、シタダミの順に特定の地域に限定された様態で新語が発生したとされ、その後に登場したツブラは一旦全国に普及しその優勢を長く保ち続け、その後に様々な異名が登場したとされる。そして現在ではカタツブリ、マイマイ、デンデンムシが「三国鼎立」の如く併用される状況に至ったと論じられる。以上のような「20」節の内容は、「19」までの記述では認められない、名称間の新たな関係付けを多く含むものである。そこで見逃せないのが、「19」節までにおける文脈Yの指摘内容が、特に小児の造語や歌詞を代表として、新語が発生する要因やプロセスを示す要素として折にふれて言及されている点なのである。

そのような時系列の反転は、文脈Yの意義を大きく変化させるだろう。即ち、「起源」へと遡行するような「19」節までの論述では、論述の方向を決定し、その大枠を提示する文脈Xに関する散発的かつ補助要素的な役割にとどまると思われた文脈Yは、「20」における反転をふまえるとき、暫定的な起源から生じ、その折々の状況に応じて現れ方を変えながら新語の登場をもたらしてきた要因やプロセスの反復と継続を示すものとなる。そのようにして、前に確認した文脈Yの指摘内容に関する散在と重複は、新語の登場に関わる事象の反復的な現前を示すものとして、新たに積極的な意義付けを獲得するのである。

そして重要なのは、この反復的な現前に関して、言葉を使用する当事者の意思が不可欠の要素として担保されている点である。『蝸牛考』でくり返し注目される小児の造語や歌詞に関しても、「5」や「6」節では「身を殻から出せ」「槍を出せ角を出せ」といった言語使用者の意思を反映した蝸牛への呼びかけとして論じられていることが明らかである。そこで更に注目されるのは、新しい名称が生み出される契機として、既存の名称に関する由来の忘却があげられている点である。それは、Ⅱにおける要約では特に「11」節の記述から端的に確認でき、更に「20」においては、「前代人」における新語の登場をめぐる規範意識について次のように記す一節も認められる。

始めてツブラがツブリと化し、乃至はカタツブリと呼ばるゝを耳にして、許し難く感じた人々の感覚は、恐らく中一代を隔てて容易に忘れられたことゝ思ふ。正しい正しく無いは要するに時代のものであった。仮に古今を一貫する正語なるものがありとしたら、ミナやツブラは消滅する筈も無く、加太豆布利とても亦今日の零落を見なかったであらう。

即ちここでは、ある名称の正しさの認識はその名を付けた時代の人々の間でのみ保持されることが説かれている。そこからはまた、折々の新語の登場に関して、そのつど当事者における新たな名称の必要の発生とそれに基づく命名を想定し、新語の登場と使用に関する折々の言語使用者の主導性を担保する記述のスタンスが理解できよう。そしてそのようなスタンスは、『蝸牛考』の「5」や「6」節において、最新の名称とされるデンデンムシよりも更に新しく、かつ全国に普及する可能性をもち得た名称として、ツノダシ等をその由来とともにとりあげる点からも窺われる。そこでは、その用例が京都もしくは近畿周辺に限らず、関東、北陸、東北にわたって見出されており、新語の発生が、「中央」でのみ認められるものではなく、各地の言語使用者における（古い「中央」の言葉に限定されない）必要性と意思によるものとされていることがわかるのである。

もし『蝸牛考』が、様々な名称の登場した順序を分布領域から提示することだけを目的とし、文脈Xの記述のみで完結していたならば、そこで示される新語の登場は、当事者の意思を必ずしも要しない「自然発生」的なもの、もしくは「偶然」のプロセスとして意義付けられる余地をもつものになるだろう。しかしⅢで検討してきた諸点を軸として、新語の登場には、その要因やプロセスの反復的な現れとともに、それを意思的に担う当事者の存在が担保されることになり、その結果、蝸牛をめぐる言語史は、言葉の使い手の意思という原因に基づく結果の連続として記述されるのである。

Ⅳ　まとめと意義の考察

そこで本章が最後に検討したいのは、そのような表現傾向をもつ『蝸牛考』の同時代的な意義である。それを理解するためにここでは、次のような『蝸牛考』の「外」の状況や情報をとりあげ、テキストとコンテクストとの接点を見出すことを目指す。そこで注目されるのが、『蝸牛考』が執筆された一九二〇年代後半から三〇年代にかけての社会状況のうち、特に普通選挙（同法の成立は一九二五年、それに基づく第一回選挙の実施は二八年）の準備と実施を軸とする、社会的な意思決定に関与する市民の育成という課題と、それに対する知識人の動向である。その代表的な例が、吉野作造における、普通選挙によって新たに選挙権を獲得する大衆に向けた、きわめて平明と評される文章による啓蒙活動であり[10]、更には、福本和夫における、無産者政党の樹立に向けて社会主義者・共産主義者を変革の主体とすることを目論む「不器用な造語と翻訳調をふんだんに盛り込んだ戦略的悪文」による文筆活動[11]もその一環としてあげられよう。

そのような時代状況の中で柳田國男は、吉野作造と同年に朝日新聞論説委員としての執筆を開始している（一九二四年七月以降）。そして、その社説や論説において、普通選挙を通じた広範囲の国民の政治的意思を反映する政党内閣の実現を、新たな無産者政党への希望とともに主張したことについては、川田稔の実証的な検証が残されている[12]。更に室井康成は、同時期における講演記録や種々の論考までを視野に入れつつ、普通選挙制を十全に機能させるために、政治をめぐる前近代的な習慣（特に村落社会における顔役政治、世襲、票の買収等）をその由来に遡りつつ把握し、それを当事者としての有権者に理解させることからそれへの「内省」を促し、既存の習慣に拘束されない自由な意思表明を可能にすべくはたらきかける柳田の構想を指摘している[13]。

即ち、一九二〇年代後半以降の柳田國男は、件の同時代の課題に関して、新たに選挙権をもつことになる個々の有権者を、右のような「公民」たらしめることを試みるという方向で関与していたとまとめられる[14]。そして、柳田における「方言」や「国語」への関心は、『蝸牛考』の初出連載を開始する一九二七年以降に顕在化するものであり、その方言論や国語論の発端として右のような時代状況との関連[15]をまずは想定することができる。

そこで更に、『蝸牛考』以降における柳田國男の方言論、国語論のモチーフを視野に入れよう。そこでは、個々人を自らの意思に基づく言葉の使用者として育成する指向が看取できる。その一例として、『国語の将来』（創元社、一九三九）所収の「著者の言葉」を確認しておこう。そこで柳田は、「大体の見込をいふと、日本語は日ましに成長して居る」という見立てのもと、「私は行く〳〵この日本語を以て、（中略）我心をはつきりと、少しの曇りも無く且つ感動深く、相手に知らしめ得るやうにすることが、本当の愛護だと思つて居る」と述べ、そのためには「各人に選択の力と、判別の基準となるべき高い趣味とを、養つてやることが何よりの急務で、口真似と型に嵌まつたきまり文句の公認とは、先づ最初に駆逐しなければならぬ」と主張している。そこには、言語は変化するという認識と、然るべき指導や教育を通じて言葉の使用者が自分の心の中を表明できるようになることの必要性が主張されている。更にそれを実現するための条件として、「口真似」や「きまり文句」といった既存の習慣を批判的に見直す能力の養成が説かれている[16]。

すると、『蝸牛考』の執筆過程と時期的に並行していた「公民」育成の問題意識に貫かれたテキスト群と、『蝸牛考』以降に展開された方言論、国語論のテキスト群との間に、既存の習慣の批判的な見直しと、より的確な意思の表明を可能にさせようとする共通性が認められることがわかる。

更に、右の方言論、国語論の傾向は、言語の変化に、その使用者の意思が関与するととらえる点で『蝸牛考』の表現傾向と接点をもつ。そしてその間のつながりは、『蝸牛考』を端緒としての具体例とし、それが他の要素とも連関することから「国語」の使用一般にまで拡大的に展開されていったものとして推測できよう。

そのような検討をふまえるとき、『蝸牛考』の特質に関して、言語の変化にその使用者の意思が関与することを前提としつつ、既存の習慣を批判的に見直させ、より的確な意思の表明を実現するに至るはたらきかけを想定できるようになるだろう。そこで、「19」節までの間で「起源論」的に過去の言語使用に関わる事象を遡行し、「20」において時系列を反転させるという『蝸牛考』の趣向を振り返ってみよう。するとそれは、読み手に過去に関わる知見を提示したうえで、そこでなされてきたことを現在から未来に向けて応用的に継承することを促す仕組みとして見立てられるようになるのではないか。以上のような理解に立つとき、「方言周圏論」は、過去とは異なる現在と未来の状況の中で、新語の創出を継続させるために提示される必須のステップとして位置付けられるようになろう。そして、かつての「児童」として、あるいは「民間文芸」の習慣の中で（それとは自覚せずとも）言葉への関わりを既に行ってきた（であろう）同時代の『蝸牛考』の読み手は、その点において件の営みを理解し継承するうえでふさわしい存在たり得ているのである。

以上の検討から本章では、『蝸牛考』が、新語の創出をめぐる、いわば過去からのバトンを手渡し、読み手が件の論述内容に関する、これから先の自覚的な当事者となることを促す論説であることを主張したい。そのような点に本章は、文脈Yに注目することから導かれる、「方言周圏論」の提示にとどまらぬ『蝸牛考』の意義を見定めるのである。[17] そのような理解は、『蝸牛考』を主に「方言周圏論」の側面に限定した形で受容してきた研究動向を照射し、批評的に再検討することをも可能にすると思われる。

注

(1) 井上史雄「蝸牛考」(福田アジオほか編『日本民俗大辞典　上』吉川弘文館、一九九九、三二一頁)より。

(2) 金田章宏「方言周圏説」(野村純一ほか編『柳田國男事典』勉誠出版、一九九八、二三二〜二三六頁)参照。ここで本章がとりあげた論考の出典は以下の通りである。岡正雄「日本民族文化の形成」(図説日本文化史大系編集事務局編『図説日本文化史大系　一』小学館、一九五八)、東条操「方言周圏論と方言区画論」(『国語学』四号、一九五〇)、金田一春彦「辺境地方の言葉は果して古いか」(『言語生活』一七号、一九五三)、楳垣実「方言孤立変遷論をめぐって」(『言語生活』二四号、一九五三)、柴田武『言語地理学の方法』(筑摩書房、一九六九)。

(3) 代表的なものとして、鈴木広光「日本語系統論・方言周圏論・オリエンタリズム」(『現代思想』二一巻七号、一九九三)や、安田敏朗『〈国語〉と〈方言〉のあいだ――言語構築の政治学』(人文書院、一九九九)第二章第二節を参照。

（4）注3にあげた鈴木論文より。
（5）『蝸牛考』（創元社、一九四三、「改訂版の序」四～五頁）参照。
（6）『蝸牛考』における複数の文脈の並存に注目した先行研究として、隅元明子「『蝸牛考』の増補改訂をめぐって」（『東横国文学』一九号、一九八七）では、このテキストの「多岐にわたる読解をゆるしている」「多元的性格」への言及がなされている。
（7）柳田のこの用語について、亀井孝、千野栄一、河野六郎編著『言語学大辞典　六』（三省堂、一九九六、一二九五頁）には「方言量として数えられる各語の使われている地理的範囲」を指し、「言語地理学でいう「分布領域」とほとんど同義である」と解説されている。本章ではその理解に従いつつ、本文では「分布領域」という語を用いて論述を行う。
（8）『言語地理学』（注7と同書。ただし、四四九～四五二頁）参照。『蝸牛考』の論述にこれが活用されていることは、例えば「4」節において、デンデンムシの領域に関して「他の何れの蝸牛の称呼にも、是だけ広い領域の連続は見られぬのみならず、それが又国の中央の要地を占めて、未だ他の新たなる異名によって、喰ひ破られていないといふ事実は、自分をして此方言が後にマイマイに代って流伝したことを推定せしめた一つの理由である」とする一節から確認できる。なお、柳田が『蝸牛考』執筆以前に参照したとされる、A・ドーザ『フランス言語地理学』（初版は仏語、一九二二。邦訳は冨山房、一九三八）では件の分布が「地区連続の原則」の一環として述べられている（邦訳、四〇頁以下参照）。
（9）そのような点で『蝸牛考』は、言語変化をめぐる研究と接点をもつといえる。ただし『蝸牛考』では、基本的に単語の語彙と音韻のみを対象とし、文法やアクセント等の言語の構造的な側面は検討していない。本章の狙いは、そのような『蝸牛考』における言語への関わり方が、別の目的を実現する手段として活用される次第を論じる点にある。

(10) 岡義武「解説」(『吉野作造評論集』岩波書店、一九七五、三二五頁等)より。

(11) 小島亮「「福本和夫ルネッサンス」への序曲」(同編『福本和夫の思想』こぶし書房、二〇〇五、四七一頁)より。

(12) 川田稔『柳田国男の思想史的研究』(未来社、一九八五)第五章を参照。

(13) 室井康成『柳田国男の民俗学構想』(森話社、二〇一〇)第三章と第四章を参照。

(14) 柳田における公民育成への問題意識は、『明治大正史世相篇』(朝日新聞社、一九三一)の最終章「生活改善の目標」の記述からも明確に認められる。『蝸牛考』を含む一九二〇年代後半から三〇年代における柳田の論説傾向に関しては、新谷尚紀『民俗学とは何か』(吉川弘文館、二〇一一)のうち、七七〜八五頁も参照。

(15) 例えば、明治後期以降の「郷土会」の活動等を通じて柳田に大きな学問的影響を与えたとされる新渡戸稲造は、「地方の研究」がなすべき検討の一項目として、地域独自の「言語、唄」をあげ、それらが遠方において一致する事例にまでふれている(「地方の研究」『斯民』二巻二号、一九〇七年等)。また『農業本論』(裳華房、一八九八)「第四章　農業の分類」では、従来「方言周圏論」を形成した要素の一つとして指摘されてきた、チューネンの著書『孤立国』における「農産の輪」(都会を中心とした同心円状に、商品作物としての需要度に応じた耕地が作られるという論)も紹介している。柳田における『蝸牛考』を端緒とする方言論、国語論は、そのような素地が、ジュネーブ滞在期(一九二一〜二三年)に得た知見等とも複合的に、二〇年代後半における社会状況を契機として発現したものとも見立てられよう。

(16) 引用部分については、『国語の将来』一〜四頁を参照。そのような指向は、更に「国語史論」(国語学講習会編『国語学講習録』岡書院、一九三四）や、『国語史　新語篇』（刀江書院、一九三六）のうち「新語論」（明治書院編『国語科学講座　七』明治書院、一九三五）等の一九三〇年代のテキスト、および四〇年代における『方言覚書』（創元社、一九四二）の「自序」、『毎日の言葉』（創元社、一九四六）の「自序」、『標準語と方言』（明治書院、一九四九）の「自序」等に至るまで認められる。その中でも、右にあげた「国語史論」には、表現の定型や規範に対するスタンスとして「日本の国文学は我々の桎梏なのである」とする一節（一四～一五頁）が認められる。なお、柳田における「新語」への感覚をとりあげて論じた先行研究として、佐藤健二「新語論の発想」（『歴史社会学の作法』岩波書店、二〇〇一）をあげることができる。

（17）そのような『蝸牛考』の論説は、「日本」の過去に関する知識の習得とその継承を促す点で「保守」的といえる一方で、その過去の内実が変化の連続であり、現在から未来に向けても変化の継続が促されている点では「革新」的な側面をもつ。そのような傾向は、同時代において「日本」の歴史的・地理的条件に基づく「日本論」を構築した和辻哲郎『風土』（岩波書店、一九三五）に収録される諸論考や、西田幾多郎「場所」（『哲学研究』一二三号、一九二六）や「述語的論理主義」（『思想』七八号、一九二八）等における日本語の構造をめぐる議論と比較しても、当事者の関与に由来する変化を重視するという点で独自性を保つ。『蝸牛考』がもつ件の両義的な性格については、イ・ヨンスクが、『蝸牛考』に代表される柳田國男の言語観について「近代批判とナショナリズムという交錯しながらも異質なふたつの方向性」が共存しているとした事態（『「ことば」という幻影』明石書店、二〇〇九、第四章参照）をも視野に入れた今後の検討課題としたい。

第六章　『先祖の話』の場合

Ⅰ　はじめに

本章の目的は、一九四六年四月に筑摩書房より刊行された、柳田國男『先祖の話』がもつ表現機構の特質を掘り起こすことから、このテキストの性格と意義を改めて見直すことである。そのために本章では、全八一節にわたるテキストの内容を各節ごとに要約し、テキストのいくつかの文脈とそれらの関わり方を抽出する。そして、そこから浮上する構成面における特色と呼応する表現面の特質を検討する。そのうえで、右のようなテキストの形式と不可分に提示されるテキストの内容を同時代状況との関わり方という点から検証する。このような検討をする理由は、このテキストが発表当時から集めてきた注目や、その後に与えた影響の大きさの一方で、テキストの表現機構の解析や、そこから見出されるテキストと時代との関わり方等に関しては、いまだ検討の余地が十分残されていると考えるからである。[1]

そのような検討のはじまりとして、まずは『先祖の話』に関わる研究史を繙き、その整理をしていこう。本章では、多岐にわたる論点が複雑に交錯した『先祖の話』に関わる研究や言及の蓄積を、次の四点に分け、その概略を確認する。と同時に、そこで確認できる先行研究の見解や主張に対して、本章はどのように関与するのかを述べていく。

第一には、主題に関する言及である。この点については、『先祖の話』に対する最大公約数的な理解を示すであろう、事典類における記述にまず目を向けたい。例えば『柳田國男事典』に掲載されている『先祖の話』に関する説明を確認すると、「柳田民俗学の祖霊信仰研究の根幹に位置づけられるもの」という指摘があり、祖霊信仰論としての評価に言及していることがわかる。[2] ここでキーワードとなっている「祖霊」について、同事典には、「先祖・祖霊」という項目立てのもとで、「自分自身が属する親族組織の始祖」の存在が「霊魂として認識されたときに与えられる呼び名」が「祖霊」だという解説も認められる。[3]

ところで、この「祖霊」については、『先祖の話』の文中において直接定義されている概念ではない。[4] その一方で「祖霊」が、柳田の仮設した概念であることや、[5] 柳田自身の造語であることが夙に指摘されている。[6] そのように『先祖の話』の主題が「祖霊」をめぐる点に求められ、更に「祖霊」じたいが柳田の造語であり、かつ柳田における「祖霊」研究の中核的な役割を果したのが

『先祖の話』であるならば、「祖霊」に関する事柄は、本質的に『先祖の話』というテキストの詳細な分析とともに理解される必要があるだろう。換言するならば、構成、表現傾向、同時代言説との関わり等の点から、このテキストにおける「祖霊」をめぐる表象と主題は見直される必然性があるということになろう。本章がⅡ以下で検討する内容は、そのようなものになる予定である。

続けて第二には、右にとりあげた祖霊信仰と拮抗する信仰や思想と対照することで、『先祖の話』がもつ傾向を浮き彫りにする検討である。ここではそれらを三種に類別して確認しておく。一つ目は怨霊信仰をとりあげるものである。代表的な論者は小島瓔禮《よしゆき》であり、日本の家をめぐる信仰に見られる怨霊信仰の重要性を指摘しながら、『先祖の話』におけるそれの希薄さに注目する。[7]

二つ目は、氏神信仰に対する一般的な見解を確認したうえで、『先祖の話』における氏神信仰の位置付けを問題視するものである。代表的な論者としては、中村哲[8]、高取正男と橋本峰雄[9]を皮切りとして、原田敏明[10]、有賀喜左衛門[11]、井之口章次[12]等があげられる。それらの論考では、氏神信仰は祖先崇拝に先行するものであることが説かれ、『先祖の話』における、祖先への信仰から氏神信仰が派生したとする説が独自の少数意見である旨が述べられている。なお、氏神信仰が祖先への信仰に先行するという理解は、『先祖の話』の刊行以前にも、津田左右吉によって示されていた。[13]更に、柳田が述べる祖霊への信仰が、封建時代における武士の家族制度の普及に由来し、村落共同体が解体した近代以降の状況にあてはまることは、高取と橋本が指摘しており[14]、井之口は、柳田における

「祖霊」のイメージが、中世末から近世にかけて形成されたと思われる祖霊信仰の体系、もしくは神学に類似することを述べている。[15]

三つ目は、『先祖の話』における祖霊信仰を、家の中における血縁のつながりの延長上に、国とのつながりを設定する「国民道徳論」あるいは「家族国家観」との異同に注目して評価しようとする検討である。代表的な論者としては、森謙二と矢野敬一があげられる。森は、一九三〇〜四〇年代において氏神祭祀という共同体祭祀を祖先祭祀との連続線上においてとらえた点が、個々の国民を天皇制国家に組み込む国民道徳論的な思考回路を、柳田の意図にかかわらず補強するものだと指摘した。[16]矢野はその指摘を肯いつつも、柳田の場合、祖先が顕彰すべき固有名をもたず匿名的な存在へと化し、公祖を認めない点が異なっており、それが新たな時代にふさわしい祖先観念の提示だったと述べた。[17]本章では、それらの知見をふまえつつ、この問題を『先祖の話』の同時代的位置付けに関わる、テキストの構成や表現面の特色と不可分な問題としてⅡ以下で検討を深めていく。

そして第三には、『先祖の話』における記述内容の事実性に関する批判である。ここでは、それを二種に分けて確認する。一つ目は、テキストの記述がもつ非論理性を指摘するものである。そのうち、部分的な非論理性を指摘した論者として桜井徳太郎があげられる。桜井は、全体的な論証の手続きは認めるが、その結果導かれる匿名の先祖への融合に関するイメージの荒唐無稽さを指摘した。[18]一方、B・ベルニエは、『先祖の話』が喚起する情緒性を尊重すべきとしつつ、テキスト全体に関わる方法論や理論、およびそれに基づき提示されるデータの信用性に懐疑を示し、このテキストを社会科学のモデルとして受け入れることはできないと述べた。[19]

二つ目は、『先祖の話』の記述に認められる事実誤認を個別に指摘した論考である。代表的なものとしては、盆に用いる「精霊棚」をめぐる柳田の理解に疑義を呈した鈴木満男や、[20]「ホトケ」の語源理解に関する誤りを論じた有賀喜左衛門、[21]および「両墓制」の認識に関する過誤を述べた福田アジオ等[22]があげられる。また、祖霊の融合単一化が沖縄にはあてはまらないことを論証した赤嶺政信の議論などもここに含むことができるだろう。[23]本章では、事実誤認の問題については、『先祖の話』以降の研究の進展と、その成果としてそのまま受け入れる。一方、非論理性に関する指摘については、それをふまえつつも、『先祖の話』というテキストがもつ基本的性格の見直しという立場から、Ⅱ以降で検討を展開していく。

最後に第四には、その他の論点のうち重要なものを確認する。本章では被差別部落との関わりと、戦没者慰霊の問題をとりあげておきたい。[24]有泉貞夫は、柳田の著作活動において差別問題をとりあげなくなる時期と、祖先崇拝に注目する時期が重なることに注目し、戦中期にかけて「祖先崇拝＝家永続の願い」を核とする学説が構築されていったと述べる。一方で氏神をもつことができず、「祖先崇拝＝家永続の願い」を共有できなかったのが被差別部落であり、その点の論究が看過されたことを柳田の問題点として指摘した。[25]この指摘は『先祖の話』に対する批判としても理解できる。

この論に対しては、影山正美の反論がある。影山は、被差別部落に氏神が成立したことを柳田の著作から紹介しつつ、柳田における祖霊をめぐる理論の性格を、祖霊の認識を手段もしくは通過点とした社会変革という点に求めている[26]。

一方、『先祖の話』の執筆動機を主に戦没者慰霊との関連という点からとらえる論考[27]としては、岩田重則、林淳、岡部隆志などの検討があげられる。その中でも岩田は、祖霊信仰の解明じたいが戦争肯定の目的と内容をもっていたとして批判的なスタンスをとっている[28]。それに対して林[29]や岡部[30]は、柳田における戦没者への配慮という点を肯定的に評価する側面を多く示しているといえる。本章では、それらの指摘をふまえつつ、『先祖の話』というテキストにおいて、そのような見解が生み出される、いわば解釈の基盤としてのテキストがどのように作られているのかという観点から検討を行うことになる。

Ⅱ　構成の特色について

『先祖の話』は「自序」と全八一節にわたる節立てで織りなされている。その内容をそれぞれ要約したものが本章の末尾にあげた資料である。また、『先祖の話』の各節にはタイトルが付されている。節のタイトルとそこでの内容が必ずしも合致しない節もいくつかあるが、ほぼ各節の内容的な主眼を示した節名だといえる。本章では、資料として掲げた要約をもとに、内容面の傾向と展開に注目しつつ、節の番号を1から81の算用数字で示しながら、1節から81節までを、いくつかの節のグループにまとめる形でテキストの構成と展開の整理をしたい。

資料を通覧すると、多くの話題が入れ替わりで、ときに重複も伴いながら登場することや、その話題が数節ごとに連続していることが感受できる。それは、話題の多様性と、それに対応した部分的に継続する検討の組み合わせという事態としても換言できる。ここでは、全八一節にわたる論述の展開を、そのようないくつかの節にわたる検討内容という観点から区分し、以上の事態を明確化することからはじめていこう。この作業は、テキスト構成の「中区分」を抽出する作業となり、その後に、これらの「中区分」を包括するいくつかの「大区分」までを明らかにする予定である。

そのような中区分は、以下のようになる。区分をなす節の番号を算用数字ではじめに掲げ、続いてそこにおける主な話題をまとめる形で記載する。

1〜4　先祖の理解、考え方
5〜10　相続、分家の経緯や沿革
11〜14　家督と巻《まき》
15〜20　正月の習慣と作法

21〜23　年神と先祖神
24〜30　先祖祭の期日や祭り方
31〜34　暮の魂祭《たままつり》とみたまを迎える習俗
35〜40　みたまに関する思想、荒みたまと外精霊《ほかじょうりょう》の存在
41〜48　ホトケの理解をめぐって
49〜52　先祖祭の変化
53〜55　氏神の理解
56〜57　墓所の理解
58〜60　お迎えの伝承
61〜64　家の中でつちかわれた常識
65〜69　先祖祭以外のときに先祖がいる場所
70〜71　亡骸の扱いについて
72〜76　先祖祭の日に限定されない先祖へのはたらきかけ
77〜80　生まれ替りに関して
81　今日の新しい課題

以上を確認すると、改めてこのテキストで扱われている話題の多様さが理解でき、かつそれらの連関については、錯綜もしくは「連環想起法」[31]という評がふさわしくすら感じられる。しかし本章では、そこから先へ更に検討を進めていきたい。

そこで改めて目を向けたいのが、Ⅰで確認した研究史の蓄積であり、そこから理解できる『先祖の話』における主題性である。注目されるのは、『先祖の話』の主題性として検討されてきた祖霊信仰研究の側面である。すると、右の区分については、件の祖霊信仰研究との関連性を明確にすべく、この段階で検証を終えるのではなく、より高所の立場から俯瞰的に、更に大枠の構成区分を見出す余地を保つといえるだろう。

はたして祖霊信仰をめぐる表象という目的にもとづく構成を把握するためには、テキスト中で祖霊信仰のあり方を集約的もしくは象徴的に示す、構成の基軸となる要素をつかむことが必要になるだろう。テキスト中には、その候補となる記述がアからウの三種にわたり確認できる[32]。

ア　種々の神々に対する信仰との連結

イ　「前代の常識」としてまとめられる、生者と死者との関わり方

ウ　匿名の先祖への融合

節の番号でいうと、アについては22、30、57節、イについては64節、ウについては25、51、57節などに端的な記述が認められる。これらの箇所をテキストにおける核心的な記述として注目する先行研究の例としては、アとイを『先祖の話』の中心的要素として指摘した伊藤幹治[33]や新谷尚紀[34]があげられ、一方ウに注目した論者としては福田アジオ[35]等が代表的である。これらの中で、テキストの構成を考えるうえでは、ウがより根本的なものと考えられる。なぜなら、アもイも、ウがあって成り立つからである。いわば、アとイは祖霊の存在を前提として思考可能になる事柄であるのに対し、ウは祖霊そのものの成り立ちを示す問題となる。ゆえに本章では、ウを構成の基軸に据えたテキストの大区分を考えたい。

すると今度は、先に整理した中区分を更にいくつかのグループにまとめたものとして、以下の大区分を抽出することが可能になる[36]。そのような第一の大区分となるのは、1～14節である。この部分は、祖霊信仰を考えるための基礎となる事柄についての知識を、特に個々の家の存続に関わる経済史的な観点から述べるものとまとめられる。まず1～4において先祖に関する二種の理解をあげたうえで、「民間」におけるそれの理解を本書のテーマとすることを述べる。それに続く5～14では家の継続や展開を支えてきた社会的習慣や機構に言及する。5～10では家の興隆をもたらす相続や分家の問題を扱い、11～14では家の存続を支える家督や巻（本家、分家や近親者の集合）をとりあげる。以降の展開をふまえるとき、この部分は祖霊信仰の動機を、信仰がもたらす広義の利益という点からとらえたものと理解でき、そのような角度から祖霊信仰の基盤を述べた部分と理解するのがふさわしいだろう。

続けて第二の大区分は、15～52節である。この部分は、匿名の先祖への融合を到達点とし、そこまでを先祖をめぐる祭や風習の検討を通じて系統的に掘り下げていくものとしてまとめられよう。15以降、祖先の祭祀に関する習慣や行事が具体的にとりあげられるようになり、15～20ではまず新年行事に関する検討がなされる。そこから21～23において、新年に迎える神が先祖である旨を説く。続けて24～30では、新年に限定されない先祖祭の期日やその作法を広く検証し、田の神や山の神の祭も、先祖を迎えるものであることに辿り着く。更に31以降では、先祖祭を魂祭という枠組みで拡大的にとらえなおす。31～34では、歳末の魂祭に着目し、みたまを迎える行事を検討する。更に35～40では、みたまに関する思想の変化を辿りつつ、荒みたまと外精霊の存在、およびその祭り方へと検討を展開する。そのうえで41～48では死者供養の対象としてのホトケに注目し、その祭における器物の語源解釈等からその起源にせまる。そして49～52において、魂祭における先祖と、荒みたまや外精霊との関係を整理し、それらの関係の理解が近世以降に変化したことを説くとともに、没後三三年を期限として個々の先祖が匿名の先祖に融合統一化する旨を論証する。この部分を、前に述べた構成の基軸として見定めることができよう。以上は、新年行事の検討からはじめて、近世以前には形を残していた祖霊信仰の姿を掘り当てるとともに、祖霊信仰の核心にせまった部分といえる。

そして第三の大区分は、53～80節である。この部分は、第二の区分で示された核心の理解を前提として、祖霊信仰に関連する諸要素の理解や意味付けを果たしていく箇所といえる。53～55では氏神信仰と祖霊信仰の関係について後者が前者よりも根源的であることが説かれ、56～57では墓所のあり方についての解釈が示される。そのうえで58～64では、仏教伝来以前から共有されてきた先祖に関する理解が述べられ、特に64ではそれを個々の家で培ってきた「前代の常識」としつつ、第三の区分におけるそれ以降の検討内容が予め集約されて記される。そこでは、生まれ替りの問題への視座も先取り的に提示される。続けて65～69では先祖祭以外のときに先祖がいる場所について、70～71では亡骸の扱い方に関して、ともに祖霊信仰の立場からの解釈が示される。更に72～76では先祖祭の日に限定されない種々の先祖へのはたらきかけが例示され、それらが祖霊信仰を基礎とすることが述べられる。そして77～80では、没後三三年を期限とする匿名の先祖への融合単一化の例外となる、生まれ替りの問題が『先祖の話』のそれまでの展開をふまえて説かれる。それらは52節までに確認した祖霊信仰の核心理解を多方面にわたり適用していく、応用的な部分としてまとめられる。

なお、その後に続く81節については、「二つの実際問題」と題して、祖霊信仰が解決すべき応用的な新しい課題が示されていると整理できる。そしてテキストの冒頭に用意された「自序」では、テキスト全体に関わる問題意識や検討の方向付けが示されているといえよう。

このように大区分までを抽出した形で構成を把握し直すと、そこからは「連環想起法」的な錯綜と名付けるよりも、例えば次のような四章構成の展開を見出すことができよう。即ち、「祖霊信仰の基盤に関する基礎知識」を皮切りとして、続けて「その核心の発掘」、更には「応用的な関連諸要素の意味付け」が述べられ、最後に「新しい課題」にまでふれるという展開である。もし『先祖の話』が一般的な学術書であるならば、その目次として、右に鈎括弧を付したような文言を各章のタイトルとした四章構成が記されて然るべきとすらいえよう。しかし実際のこのテキストに関して重要なのは、本章の分類でいう中区分だけではそのような構成が見出し難く、更に俯瞰的な大区分という視座に立つことでそれが認識可能になっている点である。そこで見逃せないのは、その俯瞰に際しては、大区分の基準となるテキストの主題に関する理解(37)が前提となることである。そのような視角は、読み手の側の能動的な主題理解と、それをベースとしたテキストの全体像把握をまって実現するものであり、その意味においてこのテキストの構成は、俯瞰するときに明らかとなる、換言するならば予め明示されていないものになっているといえるだろう。

以上の整理は、テキストの記述の順序に沿った構成把握である。その一方で『先祖の話』には、そのような構成に別の角度から関与する、表現面に関わる要素が更に存在する。それについてはⅢで検討し、そのうえでⅡの検討結果と総合することにしよう。

Ⅲ　表現の特色について

　ここでは、本文中に登場する、次のような行文に目を向ける。それは、書き手が自らの意見、考察や主張を述べつつも、ただしそれを断定には至らない形で記す表現である。具体的には、「〜かもしれない」のように推測を述べるもの。および「〜と思われる」のように思考の自然さというニュアンスを含ませたもの。更には、「〜と思う」や「〜と考える」のように記述内容の主観性を担保するもの等が典型的となる。重要なのは、これらの表現が、このテキストにおいて頻繁に登場することである。その登場頻度については、本章の末尾にあげた資料の中に、「本章が注目する表現を含む文の数」として、節ごとに区分しつつ、節全体の文の数とも併せて記した。

　カウントに際しては、一つの文の中にこれらの表現が複数現れる場合も一例とした。対象としたのは書き手の意見等が断定には至らない形で記されていると理解できる場合のみであり、書き手以外の意見等と判断できる場合や、引用文等に認められる件の表現については除外した。また、対等な文どうしが接続された「重文」や、複数の文が主節と従属節等の形で機能分化している「複文」の中に件の表現が認められる場合もカウントしている。(38) なお、初版本において誤植と理解し得る部分については、現行の全集本文をも確認し、そちらに依拠してカウントを行った。

結果としては、件の表現が皆無の節は三つのみであった。また、節全体の文の数に対して件の表現の登場割合が三分の一以上を占める節は合計で二〇節認められ、特に29節、38節、64節、67節、73節ではその割合が半数を超えている。総合的には、多少の頻度の偏りはあるものの、テキスト全体を通じて件の表現が認められることを指摘できるだろう。

続けては、テキストの文脈に即した用例を確認していこう。まずは、件の表現を含む典型的な文例である。以下は、22節にある、田の神や山の神などが祖霊に由来する旨の見解を述べる行文である。ここでは、先に述べた推測表現や、「〜と思う」等の文末表現で記述内容の主観性を担保する箇所が四つの文にわたり連続して登場する。なお、注目すべき箇所には傍線を付した。

春毎に来る我々の年の神を、商家では福の神、農家では又御田の神だと思つて居る人の多いのは、書物の知識からは解釈の出来ぬことだが、たとへ間違ひにしても何か隠れた原因のあることであらう。一つの想像は此神をねんごろに祭れば、家が安泰に富み栄え、殊に家督の田や畠が十分にその生産力を発揮するものと信じられ、且つその感応を各家が実験して居たらしいことで、是ほど数多く又利害の必ずしも一致しない家々の為に、一つ〳〵の庇護支援を与え得る神といへば、先祖の霊を外にしては、そうたくさんはあり得なかったらうと思ふ。新たな死者に対する追慕の情が濃かになり、回向追慕の作法が繁くなると共に、祖霊を神と祭ることが段々に不可能になつて来た結果として、別に我国では神代巻研究者の力では、奈何ともすることの出来ない色々の神が、出現せられることになつたのかとも考へられる。神様をそれ〴〵の御機能に拠て別立したまふものと見、且つ同時に地域の管轄を徹して、全国普遍の存在のごとく認めることは、古代の国魂郡魂の思想とも合はず、更に又近世の守護信仰とも一致せぬから、是こそは仏教からの新たなる影響であつたかも知れないのである。

そこで重要になるのは、件の表現が、Ⅱまでの検討で確認した『先祖の話』の要点をなす記述においても用いられている点である。右に引用した22節の一部はその一例であるが、以下三つの文例を確認しておこう。そこでも、注目すべき箇所には傍線を付している。

まずは、Ⅱにおいてテキスト構成の基軸として抽出した、匿名の先祖への融合と、それが祖霊となることに関する記述である。以下の引用例のうちはじめのものは、51節にある、霊が鳥になり昇天する思想の新しさや、死後一定期間を経た霊が家を守るようになることに関する書き手の推測が述べられる箇所である。そして次の57節からの引用例では、古い昔における「とぶらひ上げ」までの期間や、その期間後に匿名の先祖となることを、ともに書き手が自らの推測として記している。

信州の上伊那郡には、霊が鳥になつて此木から天に昇るのだといふ人も有るさうだが、是などは或は新らしい空想かも知れない。神になるといふのと、生れ替るといふのとは、必ずしも両立せぬ考へ方では無い。死後或期間に再び人間に出現しなかつた霊が、永く祖神となつて家を護り、又この国土を守らうとするものと、昔の人たちは考へて居たのかも知れない。

三十三回忌のとぶらひ上げといふことは、或は双方からの譲歩であつて、其前は今少し短かかつたのかとも思ふが、ともかくも是が大よそ好い頃合ひの区切りと認められ、それから後は人間の私多き個身を棄て去つて、先祖といふ一つの力強い霊体に融け込み、自由に家の為また国の公けの為に、活躍し得るものともとは考へて居た。それが氏神信仰の基底であったやうに、自分のみは推測して居たのである。

更に、生まれ替りに関する記載部分にも件の表現が用いられていることを確認しておこう。以下の78節からの引用例では、魂の再生や、若くして亡くなった魂のゆくえに関して記され、更には老いた魂が休息ののちに新しい自らの体を見つけようとすることや、その期間が三三年と想像されていたこと等をめぐる書き手の思考が、本節が注目する表現を連続的に活用して展開されている。

この再生が遠い昔から、くり返されて居たものとすれば、若い魂といふものは有り得ない道理であるが、是は一旦の宿り処によって、魂自らの生活力が若やぎ健やかになるものと、考へて居た結果と推測せられる。七十八十の長い生涯を、働き通して疲れ切つた魂よりも、若い盛りの肉体に宿つたもの丶方が、この世に於ても大きな艱苦に堪へ、又強烈な意志を貫き透すことが出来る。それがまだ十分にその力を発揮せぬうちに、俄かに身を去れば残りの物は何処へ行くか。斯ういふこともきつと考へられたものと思ふ。時代が若返るといふことは、若い人々の多く出て働くことであつた。若さを美徳としまた美称とした理由は、日本の古い歴史では可なりはつきりとして居る。恐らくは長老の老いてくたびれた魂も、出来るだけ長く休んで再び又、潑剌たる肉体に宿らうとしたことであらう。其の期限といふものがとぶらひ上げ、即ち三十三年の梢附塔婆が立てられる時と、昔の人たちは想像して居たのではなかつたかと思ふ。

以上のような表現は、テキストの要点において自らの主張を述べつつ、ただし断定を留保する筆致として理解できるのではないか。そしてそのような表現がテキストの重要箇所で用いられることは、テキストの要所に関する主張について留保を伴わせることを意味するだろう。加えて、先に確認した、テキスト全体にわたり件の表現が登場する頻度と範囲を併せみるとき、『先祖の話』ではテキストの論理構成に関わる様々な階層もしくは水準において、断定の留保がなされていることまでが推測できるのである。そこからは、『先祖の話』の特質の一つを、断定の留保を前面に打ち出した論述を行う点に求めることも可能になるだろう。

そこで更に注目したいのが、先に51節から引用した行文の前後に認められる文章である。そこでは、右に確認した三つの引用例文にも共通して関わる没後三三年目のとぶらい上げについて、今度は推測等の表現を用いずに断定的に記されている。即ち、さきほどの引用例では「死後或期間に再び人間に出現しなかつた霊が、永く祖神となつて家を護り、又この国土を守らうとするものと、昔の人たちは考へて居たのかも知れない」のように表現されていたものとほぼ同じ内容について、以下のように記されるのである。

（論者注―東北や沖縄における死後三三年目のとぶらい上げの行事にふれたあとで）つまりは一定の年月を過ぎると、祖霊は個性を棄てゝ融合して一体になるものと認められて居たのである。

ともかくもそれほど久しい後まで行く処も無しに、たゞ年忌のとぶらひ上げを当てにするやうな霊は、我民族の固有信仰に於ても、想像することが出来なかつたのである。

即ち、これらの引用例を含む51節の行文からは、本節が主にとりあげてきた断定を留保する表現と、そのような表現を含まない断定的な表現が隣接しつつ連続的に記され、かつそこでほぼ同一の内容を扱っていることが見出される。また、ここで注目しているとぶらい上げへの理解は、やはり前に引用した57節、78節からの文例をみてもほぼ同様である。はたして、以上のような表現傾向をどのように理解すべきなのか。

以上のように、断定表現と断定を留保する表現とが同一の内容に関して併用されていることからは、次のような事態が想定できよう。例えば、本来断定できないことが断定的に書かれている。あるいは、本来断定的に記すことができる事柄が非断定的に書かれている。もしくは、その双方が並列されている等の事態である。そして事態がそれらのいずれであったとしても指摘可能なのは、このテキストでは、断定と断定の留保（＝非断定）とが、質的な差異を明確にされずに曖昧に共存しており、それは論理的には的確な整理が難しい状態だということである。

ただし、視点を変えてそのような事態を『先祖の話』の実態だとして受け入れるというスタンスを選ぶならば、そのような事態を成り立たせる条件へと目を向けることも可能になるのではないか。そしてそのような条件とは、このテキストが結論を提示するよりは、思考段階を示しているものだという点に求められるだろう。即ち、このテキストの記述内容がある事柄に関する確定的な結論であるならば、件の事態は、論理的に曖昧もしくは二義的で矛盾とよぶべき状況をもたらす要素となる。しかしこのテキストが結論を示すものではなく、それに至る過程の思考プロセスであるならば、そのような事態は自らの思考を示しつつ、しかしそれを断定しない余地をも保つという点で、むしろ継続的に議論を活性化し得る要素として理解できるようになる。そしてその議論の相手とは、このテキストの読み手ということになるだろう。

そこで、本章が注目している、断定の留保という表現傾向の方に改めて立ち返りたい(39)。論説において書き手が断定の留保を繰り返し行うことは、論説の内容を確定的な事実として読み手に受け入れさせる客観性や説得力、あるいは圧力という点ではそれらを相対化し、減少させる要因となるものであるだろう。ただしその反面、そのような営みは、論説の内容に関して、読み手の側におけるそれに関する主体的考察の余地を保持し、そのうえで思考の主導権を読み手に手渡す余地をも生み出すのではないか。

そこでⅡまでの検討成果をふりかえると、次の二点が注目される。第一には俯瞰するときに明らかとなる構成との関わりである。この構成は、大まかな論旨の流れは確保しつつ、ただし構成の全体像については予め明示しておらず、読み手の能動的な読解を通じて認識可能になるという点で、やはりテキストの内容に関して、読み手が主体的な思考のプロセスを歩む余地を確保する趣向として理解できる。その点において、このテキストの構成は、ここで論じた断定の留保という表現傾向と相反することなく合流するといえるだろう。そして第二には、そのような構成と表現に立脚しつつ読者に主導権を手渡し得る思考の中心が、これもⅡで確認したような匿名の先祖への融合をめぐるイメージになっていることである。これは『先祖の話』においては、「家」のあり方と「神」の理解に関わる事柄である。重要なのは、この「神」と「家」が、まさに『先祖の話』が刊行された時期に、新しい国のあり方と不可分な法制度面に関わる問題として社会的に議論されていた点である。そこでⅣでは、テキストと接点をもち得た同時代状況としてこの点に注目し、テキストと時代状況の関わり方へと検討を展開していきたい。

Ⅳ　同時代状況との関わりについて

ここでは、「神」と「家」の問題に関して『先祖の話』がもち得た、同時代における位置を考えたい。『先祖の話』の発刊は一九四六年四月であるが、終戦後の社会動向のうち、本章の検討における基盤となるのは、四五年八月二二日に占領軍が発表した初期の対日方針、および同一〇月四日に公表した人権指令（「政治的民事的及宗教的自由に対する制限の撤廃に関する覚書」）、そして同一〇月一一日に発出した五大改革の指示である。これらは戦後民主改革の端緒をなした政策方針であり、これらを基準として、改革されるべき日本の旧制度や慣習の特定も行われていった。その中に、以下に検討する「神」と「家」の問題も含まれていたのである。

そこではじめに、「神」に関するより具体的な確認と検討をしていこう。注目したいのは、一九四五年一二月一五日に出された「国家神道、神社神道ニ対スル政府ノ保証、支援、保全、監督並ニ弘布ノ廃止ニ関スル件」（通称「神道指令」。以下この名称を用いる）と、それをうけた神社側の動向となる。

この「神道指令」は、「国家神道[40]」に対する政府の保証、支援などの廃止を命じ、政教分離を明確にしたものと一般的に理解されている。指令の全文は四項で構成されているが、ここでは、本章の検討に直接関連する「二」の（ハ）、および同（ホ）の（2）という条文の一部を抜き出しておこう。[41]

（ハ）本指令ノ中ニテ意味スル国家神道ナル用語ハ、日本政府ノ法令ニ依テ宗派神道或ハ教派神道ト区別セラレタル神道ノ一派即チ国家神道乃至神社神道トシテ一般ニ知ラレタル非宗教的ナル国家的祭祀トシテ類別セラレタル神道ノ一派（国家神道或ハ神社神道）ヲ指スモノデアル。

（ホ）（2）神社神道ハ国家カラ分離セラレ、ソノ軍国主義的乃至過激ナル国家主義的要素ヲ剝奪セラレタル後ハ若シソノ信奉者ガ望ム場合ニハ一宗教トシテ認メラレルデアラウ、（後略）

大原康男は、そのような条項を含む「神道指令」に関して、国家神道が「日本政府ノ法令ニ依テ宗派神道或ハ教派神道ト区別セラレタル神道ノ一派」とされていることから、国家神道に対するG

HQの立場について、神社の国家管理という制度面を改革の対象としていたことを指摘している。[42]そして右の条文からは、国家から分離された後には神道の存続を認めるという主旨も認められよう。

また山口輝臣は、「神道指令」においてはじめて「国家神道」という語が公的に用いられたことを確認したうえで、「神道指令」の目的が、「国家神道」を廃することから恒久平和と民主主義に基づいた新日本を建設する点にあったとする。そのうえで「国家神道」という言葉を、のちに戦後と呼ばれる新たな時代を立ち上げるべく、否定すべき日本の現状認識に被せられたものとして理解している。[43]本章も、そのような理解に従い検討を進めたい。

如上の歴史的意義をもつ「神道指令」に対する、神社関係者の対応を整理しておこう。先に確認した一九四五年一〇月四日発表の人権指令以降、占領軍の神社政策がはじまり、神社とそれを中心とする神道の改革に関する声明が新聞等に掲載された。当時の神祇院や日本政府は事態を楽観視していたが、その一方で、民間の神道人となる吉田茂（戦後の総理大臣とは別人）、宮川宗徳、葦津《あしづ》珍彦《うづひこ》らは、神社と神道への占領軍のきびしい政策を予想した準備を開始した。その成果が、四六年二月三日における宗教法人神社本庁の誕生となる。これはその前日になされた宗教法人令の改正をうけたものであり、神社の新団体は宗教法人に準ずる組織として存続することになった。なお「神道指令」が出された後も、しばらくは指令の行きすぎた解釈による神社崇敬に対する極端な妨害が、占領軍関係者のみならず、地方公共団体等によっても行われた。[44]

以上のような状況と、『先祖の話』の記述内容はどのように関わり得たのだろうか。重要なのは、先に紹介した大原康男の指摘[45]にあった通り、「神道指令」の基本的な関心が神社の国家管理という制度面に向けられていた点である。その限りにおいて、神社の問題にほとんど踏み込まないといえる『先祖の話』は、「神道指令」に代表される諸政策の中心的な対象からは外れているといえよう。『先祖の話』に関して重要なのは、先に確認した通り、氏神信仰より祖先信仰が優先されている、あるいは根源的なものとされている点であり、そこにおいて国家管理を旨とする「国家神道」(とされたもの)との距離が確保されている点であろう。

すると、「神」の問題に関して同時代的な動向と接点は保ちつつ、しかしその核心とは必ずしも重ならないという『先祖の話』がもつ両義的な位置が浮き彫りになるのではないか。それでは、そのような位置においてこのテキストは何をなしていたのか。それを理解するために、戦後の柳田國男あるいは民俗学の動向に対する、次の二つの評価を参照しておこう。

一つ目は、葦津珍彦が残した、当時の柳田の動向に関する評価である。そこで葦津は、柳田を「神道対米軍との対決」における「利敵行為者」とし、「GHQの神道政策では村の古俗神社は自由放任すると決めてゐた。柳田は、それを知り抜いて、村の古俗の神への歩み寄りを語って、GHQが敵目標とする神々については一語もしない。敵権力のなすがまゝの専横の道を知りつくして、その道を開く「学識」の提供をしても、敵にたいして、わが道を守ろうとする姿勢はいさゝかもない」と述べている[47]。

続けて二つ目は、戦後五〇年を経過した時点において、終戦期以降の民俗学が神道に対して果たした役割を述べる『神社新報』の社説記事である。そこでは、盆と正月が「先祖祭り、神祭りの行事」であることをはじめとする「民俗学による各種の行事の解釈」が、「国家神道を脱却してゆかうとする神社と神道にとって、重要な理論構築の原理ともなった」と述べ、「神社神道」の基層となり、これを支えたのが「民俗神道」であったという評価を述べている[48]。

右の二つの論説のうち、前者は、柳田が当時の神道政策に対抗することを回避した点を批判的にとらえるものであり、後者は戦後の民俗学が神道に果たした貢献を、神社神道の基層を新たに形成したという点に見出して肯定的に評価している。そしてそのような賛否両論を導いた、戦後の柳田、および民俗学の動向の端緒として『先祖の話』は位置付けられるだろう。本章が注目するのは、神社神道の動向に関して同時代的にはその核心から距離を保ちつつ、回顧的に把握したときには戦後の神道と背反することなく、むしろその基層を提供したとも評価される、柳田、あるいは民俗学における「神」の問題への関与のあり方である。そのような関与をなした地点を『先祖の話』が「神」の問題に関して担い得た同時代的な立場として、本章ではおさえておきたい。

そのうえで次には、「家」に関するより具体的な確認と検討をしていこう。注目したいのは、憲法改正論議から民法改正論議への展開であり、ここでは、『先祖の話』の発刊前後にわたる件の状況を確認し、テキストの内容との関連を考察する。

憲法改正については、一九四五年一〇月における人権指令と五大改革の指示以降に高まった改正への世論を背景とし、新憲法の内実をなす重要改革として家族制度の問題が注目されたこともあわせて、民法改正にまで続く検討がはじまったとされる[49]。その後、GHQの新憲法案が提示され（四六年二月一三日）、それをうけた日本政府による「憲法改正要綱案」（同三月六日）、および「憲法改正草案」が作成される（同四月一七日）。そこにおいて「家族条項」[50]が登場するが、そこではGHQの新憲法案と比較して、家族制度を積極的に廃止するというニュアンスが姿を消したとされる[51]。

民法改正をめぐる議論は、政府が提示した右の「家族条項」に適合する改正を目的として、四六年七月より臨時法制調査会、司法法制審議会において開始された[52]。審議の中では、家族制度について、特に「家」、戸主権、家督相続の廃止をめぐる問題が最も中心的に議論された[53]。

そこにおける各委員や論者の立場については、次のようなA型からD型という四分類が示されている。まずA型は、旧来の家族制度をそのままの形で維持しようとする立場であり、B型は、旧来の家族制度から封建的要素を除き、再構成しようとする立場とされる。続けてC型は、道徳上の「家」と法律上の「家」を区別する立場であり、D型は、道徳上の「家」も法律上の「家」もすべて廃止すべしとする立場であった。以上のうちA型とD型は少数派であり、おおむね、B型とC型の相互影響と妥協で決着したとされている[54]。ここでの議論をもとに、一九四六年一〇月には民法改正要綱が決定され、いったん新民法が成立する（四七年三月）。その後四七年七月には改正案が閣議決定され、同月に改正民法が成立した。

以上のような状況と関わり得る、『先祖の話』の記述内容はどのようなものだろうか。まず注目されるのは、『先祖の話』が提示する「家」のあり方、およびテキスト全体の要旨が、廃止されるべき「家」と近似的なものとして理解し得る点である。それはまた、『先祖の話』がおおむね「家」の継続を肯定的な価値として示していると考えられることとも深く関連する。確認しておきたいのは、前にとりあげた森論文(55)のように、『先祖の話』に国民道徳論や家族国家観と類似する点を見出し、テキストがもつ戦争肯定の側面を指摘した論考の存在である。そこからは、『先祖の話』が提示する「家」のあり方が、国や国体へつながる思考経路をもつと理解され、その点が改革されるべき日本の古い慣習とされた可能性が浮上するだろう。

ただし、そこで同時に注目すべきは、右の森論文に対して、公祖を認めない点を『先祖の話』の特色として述べた矢野論文(56)や、矢野の指摘を更に見直し、近代国民国家とは規模や性格を異にするコミュニティとしての「真正な社会」を「家」との関わりで提示した点で『先祖の話』を評価する小田亮の議論(57)の存在である。つまり、国民道徳論や家族国家観との関連という点についても『先祖の話』は両義的に時流に対応する性格をもち得ていたことが見出せる。

更に重要なのが、『先祖の話』においては資料に掲載した4節や8～10節、更には81節の要約からも認められるように、養子もしくは非血縁者間での相続や転地が、家の継続あるいは新興のための方策として選ばれてきたことを紹介している点であり、更には10～12節等から確認できるように、「無形の家督」として、現実の民法論議における相続や扶養とは別次元の要素をもつ、即ち精神的な側面を重視した、先祖と子孫の相互交感の問題として「家」の問題を扱ってもいる点なのである。

そのように、「家」の問題に関して『先祖の話』は同時代的な家族制度をめぐる議論において、まさに改正される対象として扱われ得る内容的側面をもちながら、同時にそこからは外れる傾向をも併せもっていることがわかる。

そこで改めて目を向けたいのは、『先祖の話』で展開される「家」に関する議論が、憲法および民法改正に向けた議論における法的理念や、法律実務における拘束力をもち得る、婚姻、扶養、相続、家督等の問題の扱い方とは明らかに様相を異にする点である。

まず『先祖の話』では、婚姻(58)や扶養についてはほぼふれていない。また相続については、相続にあてることのできる土地等の財産の限界という観点から、分家にまつわる歴史を紹介している。ただし、それは過去の農家や武家における事例の紹介にとどまっており、そのことは、資料における8～10節の箇所等にまとめた通りである。そして家督については長子相続等の問題には深く踏み込まず、その一方で、先にもふれたように、精神的な面に関わる「無形の家督」を強調し、その継承を重視する立場をとる。このことは、特に資料の11節等から確認できよう。

加えて、相続や家督の問題に関して、『先祖の話』では、本章がⅡで述べた内容面での三つの大区分のうち最も基礎的な部分（1～14節）に記述が集中して認められる。そのことをふまえると、『先祖の話』では、家督や相続に関して、Ⅳで確認してきた憲法および民法改正論議とは異なる視点、もしくは次元からの把握が基礎とされており、そのうえに祖先崇拝をめぐる独自のヴィジョンが提示されていることがわかるだろう。

それは即ち、『先祖の話』が、同時代的に注目された問題に対して、特に家督や相続等の話題については関わりを保ちつつも、憲法および民法改正論議とは異質な基礎の上に成り立っており、そのようなポジションを同時代言説の中でとり得ていたことを示しているだろう。それはまた、同時代の民法改正論議における家督や相続とは別次元の問題として「家」の問題を扱っていることをも意味する。

以上、ここでは「神」と「家」という二つのテーマに関して、『先祖の話』と同時代における法制度をめぐる議論や動向との関係を検討した。そこで見出された共通性として、時流と関わりつつ、ただしそれをめぐる議論の焦点や渦からは距離を保つことができる地点を確保していた、ということがあげられる。

V　まとめと意義の考察

そこで、本章の検討成果をまとめたい。Ⅰでは問題設定と研究史の整理を行った。そこからⅡでは、匿名の先祖への融合を基軸としたテキストの構成把握を行い、『先祖の話』がもつ、予め明示されない構成を明らかにした。そしてⅢでは、テキストの行文がもつ非断定的な性格を検証した。それらの特徴は、書き手がテキストの内容を確定した事実として提示するよりも、読み手が能動的にその内容理解に参加することを促す仕組みとして理解できた。一方Ⅳでは、『先祖の話』が同時代言説との関連において、テーマは時流と明確な関わりをもちつつ、しかしその渦中からは距離をおいた立ち位置を保つことを確認した。そのような位置は、テキストの内容を時流に流される一過性の検討対象とすることなく、継続的かつ主体的にそれに関わることを可能にする要素となるだろう。

そのような検討成果を総合すると、『先祖の話』がもつテキストとしての特色は次のような点に求められる。即ち、右のような構成と表現を基盤としながら、時流の焦点や渦からは距離を保つことができる地点を読み手に用意し、そこにおいて、読み手の能動性が発揮される余地を確保する。そのうえで、思考と発話の主導権を読み手に譲りつつ、これからの実践につながる思考の当事者となるよう、これもあくまで読み手の能動性を保った形で促すという点である。そのような特質は、このテキストの題名が『先祖について』や『先祖の研究』等ではなく、まさに『先祖の話』であること――「話」とは、書物という場に仮想的に用意されたそれにおいても、面前の相手との関わりの中で何かを作り出そうとする側面をもつ営みであるだろう――とも対応する[59]。そしてその営みの中軸をなすものが、匿名の先祖への融合を要件として生み出される「祖霊」となるのである。

また、ここで読み手の側に促される思考、即ち何かについて読み、主体的に考えることは、そのような行為自体が、検討対象を長い時間をかけて継承されてきたものとし、更には継承を前提とし、それを継続しようとする営みとなり得る。このような観点に立つとき、小田亮が『先祖の話』に関して指摘した、「真正な社会」における「伝統」を生み出す実践[60]とは、テキストが刊行されたタイミングにそれがあったということ以上に、刊行後にテキストを読み、考え、実践する中で実現されていく、現在進行形の事態として考えられるようになる[61]。このとき、本章がIで確認したような『先祖の話』に対する批判や事実誤認の指摘も、件の継承や実践の一部として把握可能になるのである。

更に、『先祖の話』が、右のようにして「伝統」を発見し、継承する仕組みをもつという観点に立つとき、以下の理解も導かれる。つまり、このテキストは、発刊以降に「神道指令」で神道をめぐる信仰のあり方が大きく姿を変え、旧家族制度が民法改正で改廃されたときに、一方で、法や制度の変革だけでは変わらず、新しい信仰や家のあり方へと単純に置き換えることができないそれらを示した書としての価値を得る可能性をもちはじめたのではないか。そのような可能性は単なる回帰に帰結するものではなく、過ぎ去った何かについて、異なる時代背景のもとで新たにそれを補い、結果としてそれまでにはない新しい状況を生み出し得る、一種の触媒として理解すべきだろう。このような視点を得たとき、件の戦後改革は、『先祖の話』が戦後において読み続けられてきた要因の一つという意味までをもちだすのである。

ある対象を、それが実践されてきた時間的蓄積をもつものとして検討することは、対象が存続してきたと考えられる時間の幅、もしくは直近の過去ではない時点から現在を眺めることを可能にする。それは、その時点と現在との時間的距離が生み出す、現代を、未来に向けて流れていく時間の流れの一時点として相対化する認識をもたらし得るだろう。そして、そのような時間の流れのもとに、読み手を検討対象の事柄について、その今後に関与し得る者として参加することを促すテキスト。そのような点に、『先祖の話』が、刊行当時からは時間を経過した時点と状況において担い得る、現代的な意義[62]を見出すことも可能なのではなかろうか。

注

（1）『先祖の話』をタイトルに掲げ、テキストの読解を主眼とする近時の論考としては、岡部隆志「柳田国男『先祖の話』を読む――戦死者の魂をめぐる日本人の葛藤」（柳田国男研究会編『柳田国男・主題としての「日本」』梟社、二〇〇九）や、小田亮「出来事としての『先祖の話』――「祖霊」の発明をめぐって」（『民俗学研究所紀要』三五号、二〇一一）があげられる。ただし、いずれにおいても、構成や表現面の特色という観点からのアプローチや検討は十分なされていないといえる。

（2）小池淳一「『先祖の話』」（野村純一ほか編『柳田國男事典』勉誠出版、一九九八、五六六頁）より。

（3）真野俊和「先祖・祖霊」（注2と同書。ただし五六四頁）より。

（4）『先祖の話』刊行後に柳田が執筆した事典項目でも、「祖霊」に対する端的な定義は述べられていない。解説の主眼は『先祖の話』の内容のうち、没後三三年目のとぶらい上げと、「日本人の古い信仰にみられる祖霊」を、「個別化した祖先の霊ではなく、私的な性質を失った、単一化した融合的霊体」とする記述だといえる（「祖霊」、日本民族学協会編『日本社会民俗辞典　二』誠文堂新光社、一九五四、八五一～八五三頁参照）。なお、小川直之「柳田国男と祖霊（一）」（『民俗』八六号、一九七四）には、柳田における「祖霊」およびそれに類する語句の用例調査と、それに基づく考察がなされている。

（5）伊藤幹治「柳田国男と文明批評の論理」（『現代のエスプリ』五七号、一九七二、一四頁）参照。

（6）影山正美「続・有泉貞夫「柳田国男考」に寄す――理論としての「祖霊」と柳田民俗学」（『甲斐』一二三号、二〇一一）のうち、特に二八頁参照。

（7）小島瓔禮「祖霊と怨霊」（田丸徳善、村岡空、宮田登編『情念の世界』佼成出版社、一九七二）のうち、特に五九～六一頁参照。

（8）中村哲『新版　柳田国男の思想』（法政大学出版局、一九七四）のうち、特に「祖先崇拝」（七九～一〇二頁）参照。初版は一九六七年に刊行されている。
（9）高取正男、橋本峰雄「家と祖先」（『宗教以前』日本放送出版協会、一九六八）参照。
（10）原田敏明「村の祭祀の起源」（『村の祭祀』中央公論社、一九七五）参照。
（11）有賀喜左衛門「先祖と氏神」（『有賀喜左衛門著作集　Ⅶ』未来社、一九六九）参照。
（12）井之口章次「柳田国男の祖霊信仰論」（『近畿民俗』一〇九号、一九八六）参照。
（13）津田左右吉「日本の神道に於ける支那思想の要素（二）」（『東洋学報』二五巻一号、一九三七、二二～四三頁）、および同「同（五）」（『東洋学報』二六巻一号、一九三八、七五～七九頁）参照。なお、この論点に関しては、注8の中村書（特に七九～九〇頁）に基本的な指摘がある。
（14）注9と同じ。ただし、一五九～一六〇頁参照。
（15）注12と同じ。ただし、七頁参照。
（16）森謙二「穂積陳重と柳田國男――イデオロギーとしての祖先祭祀」（黒木三郎先生古稀記念論文集刊行委員会編『黒木三郎先生古稀記念　現代法社会学の諸問題（上）』民事法研究会、一九九二、一〇四頁）より。
（17）矢野敬一「祖先と記憶をめぐる政治と知の編成――国民道徳論と柳田国男」（矢野敬一ほか『浮遊する「記憶」』青弓社、二〇〇五、四一～四二頁）より。
（18）桜井徳太郎「『先祖の話』解説」（柳田國男『先祖の話』筑摩書房、一九七五、二三六～二三八頁）参照。
（19）ベルナール・ベルニエ、伊藤由紀訳「柳田国男『先祖の話』――日本固有の社会科学のモデルたりうるか」（R・A・モース、赤坂憲雄編『世界の中の柳田国男』藤原書店、二〇一二）のうち、特に二八一～二八四頁参照。

(20) 鈴木満男「盆に来る霊——台湾の中元節を手がかりとした比較民俗学的試論」(『マレビトの構造』三一書房、一九七四)参照。
(21) 有賀喜左衛門『一つの日本文化論』(未来社、一九七六)のうち、第一章と二章を参照。
(22) 福田アジオ『柳田国男の民俗学』(吉川弘文館、二〇〇七)のうち、特に一三一〜一三四頁参照。
(23) 赤嶺政信「南島から柳田國男を読む——祖霊信仰論に焦点を当てて」(『日本民俗学』二七一号、二〇一二)参照。
(24) なお、仏教との関わりについては、「小特集　京都で読む『先祖の話』」(『日本民俗学』二七六号、二〇一三)に掲載された諸論考等を手掛かりとしつつ、今後の検討課題としたい。
(25) 有泉貞夫「柳田国男考——祖先崇拝と差別」(『展望』一六二号、一九七二)参照。
(26) 注6と同じ。ここで指摘されている「社会変革」について、本章では、『先祖の話』の読解を通じて生じ得る可能性の一つとしてとらえている。
(27) それらの検討の基盤をなした論考として、益田勝実「『炭焼日記』存疑」(『民話』一四、一五、一七号、一九五九〜六〇)があげられる。そこでは『先祖の話』を、戦時中に執筆された、当時の日本人に向けたテキストとする理解が示されている。本章では、『先祖の話』を、戦時中に書かれた部分が含まれるとしても、戦後に発刊・流布された、戦後の読者に関与していくテキストとして理解している。
(28) 岩田重則「柳田国男の祖霊研究——『先祖の話』再検討」(『地方史研究』二五三号、一九九五)参照。
(29) 林淳「固有信仰論の学史的意義について」(脇本平也、田丸徳善編『アジアの宗教と精神文化』新曜社、一九九七)と、同「国民道徳論と『先祖の話』」(『現代宗教』東京堂出版、二〇〇六)参照。
(30) 注1にあげた岡部論文を参照。

（31）吉本隆明「無方法の方法」（『定本柳田國男集　月報1』筑摩書房、一九六八、五〜六頁）参照。

（32）なお、特に77節以降に集中する生まれ替りに関する記述に関しては、戦没者慰霊を『先祖の話』のモチーフとする論考において注目されている場合が多い。本章では、生まれ替りの問題が、祖霊信仰に関する例外的な事例として『先祖の話』において定着されていると理解しており、そのためここではあげていない。

（33）伊藤は、戦後の柳田における「民間信仰論」を氏神論と先祖論とに類別する。そのうえで、氏神論は、『山宮考《やまみやこう》』を中心とした「新国学談」の中で展開され、先祖論は『先祖の話』に詳述されているとする。氏神論の要点は、氏神信仰を日本人の固有信仰の中心とみなし、その発生・展開の基盤を祖霊信仰の中に求めた点にある。一方、先祖論の要点は、本章でとりあげている「前代の常識」の記述に集約される、生と死の連続性の認識を基礎とした日本人の来世観と再生観を述べた点にあるとする（注5と同じ。ただし、一一三〜一一五頁参照）。

（34）新谷は、『先祖の話』に関して、「生と死の二つの世界の往来は比較的自由であり、季節を定めて去来する正月の神や田の神なども実はみんな子や孫の幸福を願う祖霊であった」とし、「これが、『先祖の話』の中で柳田が日本人古来の霊魂観・死生観として日本の民俗伝承をもとに抽出した結論であり、そこには神と霊魂、そして先祖と家とのみごとな連結がみられる」と述べている（「解説」『柳田國男全集　一三』ちくま文庫、筑摩書房、一九九〇、七三四頁より）。

（35）福田は、『先祖の話』の具体的な記述における「祖霊」概念やその表現の特質について「柳田の祖霊論の重要な指摘は、祖霊は個別の存在ではなく、一つの祖霊に融合するという点にある」と述べている（注22と同じ。ただし、一三一頁より）。

（36）注28にあげた岩田論文にもテキストの内容の大区分が示されているが、本章とは着眼点や分類基準が異なる。
(37)そのような主題の理解は読み手ごとに異なる可能性をもつものでもあろう。「祖霊」以外の主題理解に関しては、『先祖の話』の受容研究という視点から今後検討できるだろう。
(38)ただし、否定表現を伴う「〜とは思はない」のような文言については、記述内容の否定を断定的に強調しているものと理解し、対象外としている。
(39)この問題は一方で、全編を断定留保の文章とする論点にも発展し得る。その検討については、柳田のテキスト全般における著述傾向や日本語の論説文一般における事態とも関わる事柄として、木下是雄「「であろう」の背景」(『日本語の思考法』中公文庫、中央公論新社、二〇〇九)等の指摘も視野に入れつつ、今後の課題としたい。
(40)山口輝臣編『戦後史のなかの「国家神道」』(山川出版社、二〇一八)では、「国家神道」という用語が「神道指令」ではじめて公式に用いられ、以降、一般化していったことが繰り返し指摘されている。本章では、終戦直後の諸議論に用いられる「国家神道」という語を、神社神道を指すものとして基本的に理解し用いている。
(41)大原康男『神道指令の研究』(原書房、一九九三、五七〜六八頁)より抜粋して引用。「神道指令」の原文(英文)は、SCAPIN - 448として、『GHQ指令総集成　三』(エムティ出版、一九九三、七〇一〜七〇五頁等)で確認できる。その和訳は、文部省が関係部署に通達した際に付したものであり、その一つは、文科省HPでも確認できる。〈https://www.mext.go.jp/b_menu/hakusho/html/others/detail/1317996.htm〉二〇二一年三月二〇日閲覧。
(42)注41にあげた大原著と同じ。ただし、三二九頁より。

(43) 山口輝臣「「国家神道」をどうするか」(注40と同じ。ただし、一八〇頁)参照。

(44) 以上の神社界の動向については、神社新報社編『増補改訂　近代神社神道史』(神社新報社、一九八六、二三一〜二五〇頁)と、同編『神道指令と戦後の神道』(神社新報社、一九七一、五〇〜五七頁)を参照。特に後者では、一九四六年初めから四八年くらいまでの神社への妨害事例が紹介されており(五〇頁)、「神社に対するアレルギーが国民の間に深く浸透していった」(五三頁)時期ともされている。

(45) 注41にあげた大原著と同じ。ただし、三二九頁参照。

(46) 『先祖の話』以降に刊行された「新国学談」三部作等における、柳田の神道理解の問題については、柳田における大正期以降の神道に関する論考までをふまえた別の検討が必要になるだろう。

(47) 葦津珍彦「柳田国男、折口信夫のこと」(『葦津珍彦選集　二』神社新報社、一九九六、三二三〜三二七頁)参照。この文章は、折口信夫の戦後における動向を検討する際にしばしば注目されている。その一例として、石川公彌子『〈弱さ〉と〈抵抗〉の近代国学――戦時下の柳田国男、保田與重郎、折口信夫』(講談社、二〇〇九、一九八〜一九九頁参照)があげられる。

(48) 佐野和史「主張　「民俗神道」といふ概念」(『神社新報』一九九六年八月一九日、二頁)より。

(49) 由井正臣「一九四〇年代の日本――世界制覇の挫折」(浅尾直弘ほか編『岩波講座日本通史　一九　(近代四)』岩波書店、一九九五)のうち、特に六四〜六七頁と、七六〜七八頁参照。

(50) 「憲法改正草案」第二二条における件の文言は以下の通りである。「婚姻は、両性の合意に基いてのみ成立し、夫婦が同等の権利を有することを基本として、相互の協力により、維持されなければならない。／配偶者の選択、財産権、相続、住居の選定、離婚並びに婚姻及び家族に関するその他の事項に関しては、法律は、個人の権威と両性の本質的平等に立脚して、制定されなければならない」。引用は、国立国会図書館ＨＰより。〈https://www.ndl.go.jp/constitution/shiryo/03/109/109tx.html〉二〇二一年四月二二日閲覧。

(51) 利谷信義「戦後の家族政策と家族法――形成過程と特質」(福島正夫編『家族――政策と法　一　総論』東京大学出版会、一九七五、一〇二頁) 参照。

(52) 中川善之助『新憲法と家族制度』(国立書院、一九四八、一五～一六頁) 参照。

(53) 我妻栄編『戦後における民法改正の経過』(日本評論新社、一九五六、四頁) 参照。またその間の経過の詳細については、同書「第一部　民法改正要綱の成立」を参照。

(54) 渡辺洋三「家族制度廃止論争――淳風美俗論の位置と民法改正」(『日本社会と家族』労働旬報社、一九九四、三九～五一頁) 参照。なお、ここでＤ型の代表論者としてあげられている川島武宜と柳田との関係については、注61でふれる柳田の二面性と関わり得る問題として、今後検討を深めたい。

(55) 注16と同じ。

(56) 注17と同じ。

(57) 注１にあげた小田論文のうち、特に三九頁以下を参照。

(58) なお婚姻の問題に関しては、「双系制」に対する柳田國男の理解という視点の取り込みも重要であろう。この問題に関しては、注８にあげた中村著(九九～一〇〇頁)や、注９にあげた高取、橋本著(一五八頁以下)における、柳田の家父長制への傾きについての指摘をふまえた一方で、『先祖の話』と近い時期に刊行された『家閑談』(鎌倉書房、一九四六)や『婚姻の話』(岩波書店、一九四八)の分析もふまえつつ、今後検討を深めたい。

(59) 柳田のテキストにおける「話」、即ち会話の特徴を含む文章のスタイルに関しては、注31にあげた吉本論文の指摘をふまえつつ、それとは異なる視点から、今後の研究課題としたい。

（60）注1にあげた小田論文のうち、特に三九頁以下を参照。

（61）それはまた、過去への保守的な回帰を単に意味するものでもない。『先祖の話』には、81節に示される祖霊信仰の新たな課題のように、時流に関与し、現在と未来に向けた提案を試みる革新的な要素も伴われている。即ち、歴史をもつ対象をとりあげ、それにプラグマティックな観点からの検討をも加えると、対象の選択じたいに保守的な要素が伴い、それに対するアプローチに革新的な要素が付随する。このような両面性――ここでは保守と革新の共存――については、鈴木岩弓「戦後における柳田國男の「祖先祭祀」観」（『文学部研究年報』四三号、一九九四のうち、特に一九〇～一九二頁と、一九八頁参照）が指摘した、柳田および『先祖の話』がもつ二面性と関わる問題として、今後の更なる検討課題としたい。

（62）施利平《シリーピン》「墓の継承意識からみる祖先祭祀」（『戦後日本の親族関係』勁草書房、二〇一二）には、祖先祭祀の継承に関して「八〇年代以降でも祖先祭祀の意識と行動に衰退の傾向が確認されない」とする指摘がある（一四四頁）。このような傾向も、『先祖の話』が現代的な意義――それは、伝承の母体としての地域社会の存在を前提としないところで生じる「祖先」への志向という側面をもつ――を示唆するのではなかろうか。

【資料】『先祖の話』の各節要旨（「自序」と1～81節に関して「節のタイトル」ほかの項目を記す）

節番号	節のタイトル	節の要旨	節全体の文の数	本章が注目する表現を含む文の数
	自序	家の問題は死後の計画や霊魂の観念と関わり、国ごとの常識の歴史をもち、その今後を考えるには予備知識を集め保存しておく必要がある。この論考の出版動機は、第一にこの問題に新たな興味をもつ人を作り出すこと。第二は、これに関する読者の記憶を喚起することである。故人における先祖や家の未来に対する考え方を知ることは、未来でもそれを継続せよという勧告ではない。人が自ら考え判断できるようになる道は学問だけである。	51	7
1	二通りの解釈	「先祖」についてのもの。家系図のはじめの一人と考える場合と、自分たちの家でのみ祭ることができると考える場合があり、それは、文字で知るのと耳で知るとの違いでもある。前者は新しく単純である。一方、後者は国民の多数の考え方であり、はっきりと表示せず、知らずに誤ってしまうかもしれず、それゆえこちらをこの著作では重視していく。	15	1
2	小さな一つの実例	上記の後者の例として、藤原鎌足の孫の代に男子四人が家を四分し、どれをも本家としなかった藤原北家の場合や、著者（柳田家）の場合をとりあげる。系図をさかのぼると初代は藤原魚名や秀郷になるが、実際に先祖として祭るのはもっと下流の、歴史に名をとどめない柳田監物や代々の主人・主婦であることを述べる。「先祖」という言葉は同じでも、それに対する心持ちは先述の前者とは異なる。	16	1

3	家の初代	柳田家の場合。監物の息子であり、後に御作事奉行、旗奉行等をつとめた与兵衛が初代となっている。監物は先祖の代数には数えないが、与兵衛の家族として先祖の一人になっている。先祖の祭は元々正当嫡流の主人・主婦の権利であったため、本来本家の先祖（初代以前）がわかっていても、祭ろうとしない。人を神とした多くの御社とも全く異なる。	20	6
4	御先祖になる	新しい学問をしてきた人とは異なる民間における「先祖」の意味、用例として。やがて一家を創立し永続させて新たに初代となる人間を「先祖になる」人間だとし、次男、三男の慰めともしてきたことを述べる。越後から東京へ出て子ども六人に家をもたせたという人が、新たな六軒の一族の先祖になるという抱負を述べたという最近の例も紹介する。	20	0
5	相続制と二種の分家	日本の家族制度では、過去三〇〇年以上、長子家督法と、子どもの間の公平な分割相続法とが拮抗してきた。著者にできるのは、分家には二種類があり、次第に一つになりつつある旨を話すことである。官符が戸数の増加を奨励しても、家自らは容易に分家を出そうとしなかった。それは経済的理由に加えて、祭や法事、家の格式の保持が難しくなるからであった。	17	1
6	隠居と部屋	親が次男以下を土地とともに引き連れて移住することを隠居といい、移住する子を隠居という地方もあること。それは隠居以外に家を分かつことが許されなかった名残りである。分家のヘヤということもあるが、それは主人・主婦以外のために家を区切り部屋を作ったことの名残りである。後には家の外に小屋や長屋を作る例も生じ、本式の分家と区別がつかなくなっていった。	22	0
7	今と昔とのちがい	部屋と隠居は本来分家とはいえない。年中行事や収穫の際には全員が主屋に集まり共同の仕事や食事をした。次第に別個の家とする意識が強くなっていくと、言葉や文字で伝えようとしなかった無形の慣例のうち、特に「先祖」の考え方などで、最近の分家と旧い分家では大きな差ができてきた。著者の見解として、かつて我々の民族の中にあった考えのうち、知らずにいることをできるだけ少なくしたい。	18	3

8	先祖の心づかい	今日の地方の旧い家は、概ね分家であり、新たに先祖になる人があった家である。旧い豪族の衰滅等を見て家の存続に注意深くなった昔の人たちは、分家には慎重であった。そして分家をする場合も、その多くは非常に遠い土地に創立された。耕地は原則的に最も安全な財産であったが、子孫に分けると減ってしまう。そこで高齢になっても、次男以下に与える耕地を得ようとして空き地を探す人や、事業に手を出す人も多かった。	17	2
9	武家繁栄の実情	中世期には長子相続の制度が通則となっており、親は上記の苦労をはじめていた。中世の『武蔵七党系図』には、有力武士の多くが開墾を続け、多くの分家を創建したと記されている。だが、開発できる土地が少なくなると、不平や野心のある武家の若者は国役などで京都へ出て、その行き帰りに諸々の地方で家を構えることもあった。特に武士の優越を背景として東国武士は国の端々まで分散していった。	18	6
10	遠国分家	関東出身と思われる苗字の家が全国に広まった原因の一つは、上のような分家・移住であった。荘園は諸国に分散している場合が多く、飛び飛びの所領は分家の創立に適切であった。新たに家をたてるには物を生産する土地が、家の基礎や養分として必要であった。家に付している根本の財産を「トク」と呼び、これは元々所得や得米の「得」に由来すると考えられる。この用語が必要となったのは、大家族制が崩れだした時代であろう。	17	6
11	家督の重要性	家督を分けると分家、自分で調達したら別の本家、という考え方が本来の姿であり、特に時世の変わり目では自力で先祖になった人が多く、今後更に増えねばならない。先祖に対する懇ろな態度は、元々は各自の先祖になるという心を基底としていた。家督はそもそも先祖が子孫を死後にも守りたいという思いの具現化であり、そこに生じる両者の交感は「無形の家督」とよぶべきものである。この論考では、その方面の隠れた事実を示したい。	19	3

12	家の伝統	農民の間では、家督という語を不動産と同意に解する場合もあるが、更に物以外の無形のものを取り添えて相続するという感じも伴う。家督の基本には修得、実行し、それを学ばせて主体的に伝えようとしていたものがある。商人の暖簾、職人の口伝、家伝、役人の地位などにも、単なる伝授以外にこれを承け継ぎ来たった代々の意思が添い、それに対する子孫の理解が伴っている。家門はそのような年代を超越した縦の結合体であった。	14	3
13	まきと親類と	分家には異地分家と異職分家があり、これらは別本家に独立しやすかった。同地同業の間で家督を割き分家をするのは新しい習慣である。一方、日本の村では村身内や重親類のように、親類でない者どうしのつきあいも多い。将来国民の海外進出が盛んになると、そのような連合は改良・強化される必要がある。また、家督を分け合い共同の生活をしていた者たちの結合に関しては、その歴史を知らないと公共団体の変貌・改組にもつながる。	20	0
14	まきの結合力	著者が注目する古くからの結合体は、姻戚や遠地にある先祖の出た家等をのぞくものであり、一家や一門、あるいは「巻」とよばれているものである。中でも特に小さな巻において、それを守らぬと義理を欠いたことになる約束が隣保・親近の社交以外に付加されている。それを見ることで巻や一家の存続する理由を知ることができよう。この論考で考えたいのは、毎年の年頭作法と先祖祭の日の集会慣習である。	19	4
15	めでたい日	正月と盆は、本来異質なものではない。近時に不幸のなかった家では、盆はめでたい日であった。「祝う」は本来「斎う」と書き、身を慎しみ心を清めて祭を営むのに適した状態のことを指し、それが果たされていることが「めでたい」というものであった。正月に関しても事は同じだが、祝言が一般化したのは新しいことである。元は正月も盆も家で先祖の霊と再会する機会であった。この論考では、その点をくわしく検討したい。	17	1

16	門明け門開き	農村で元来、元日の早朝にしなければならないのは、氏神様への参拝と、本家への年頭の礼であった。これがまた、巻の中で行われる礼儀であり、元日の早朝に分家の主人が集まり本家の表の戸を開き、初春の神を迎えた。なお本来は前日の日没時が日の境であり、元日の礼儀に参加する分家たちも前夜から来ており、夜が明け物忌みが終わってから表の大戸を開くというものだったのだろう。	18	7
17	巻うち年始の起源	門開き等の名称はなくても「巻うち年始」だけを元日の早朝に行う土地は多い。また、年の暮に正月の用意を整えるために本家に人の集まる慣習もあったが、次第に別々の用意をするようになった。そこでは「歳末の礼」は別に行うことが多い。元来本家の祝い事には親密な共同があり、その目的は先祖を共にする者の感銘を新たにする点にあった。	13	3
18	年の神は家の神	そこで正月に祭る神はどういう神であったかを考えたい。伊勢や氏神社から年末に配られるお札を神棚に納めて拝むのは、いい加減なことでよろしくない。一国の宗廟を元日に拝むことは日本古来の慣習ではない。畏き一国の大神が、正月早々家に来たると信じたことは我々にはなく、正月の神は必ず祝い慎む者の家に個々に訪れると考えられていた。	16	2
19	年棚と明きの方	正月に家々を訪れる神は歳徳神や正月様とよばれている。日頃遠いところにいて、年越の夕方に祭を目あてに訪れるものと考えられていた。その神がやってくる方向は毎年変わるという特色をもち、その方向は、吉方や明きの方とされる。また正月の神棚は常設ではなく、年神棚や恵方棚が吊られた。	22	1
20	神の御やしなひ	正月様を迎える祭壇は、より素朴で自然に近いものも多くある。その中でも松を立てるものが多く、白紙の幣を切りかけたり、家の大黒柱のまわりに結わえるものや、家の表入口に立派なものを立てることがある。門松の風俗は田舎武士によりもたらされたものだが、見逃せないのが、正月の松飾りに注連縄以外にオヤス、ヤスノゴキなどいう新藁を曲げて作った皿や壺が下げられていることで、それが神の食器となる。その供物をオヤシナイという。	19	1

21	盆と正月の類似	初春の松飾りを用いる松の木は「迎え申す」といわれており、松飾りにまつわる種々の慣習がある。そこで気づくのが盆棚、盆迎えに関する行事との類似性である。更に盆には、緑の木の利用がないかわりにと盆花採りがあり、盆道づくりの例もある。加えて煤掃きや井戸さらいも行われ、年頭礼と対応するような盆礼の訪問もある。長く不幸のなかった家では、特に正月と盆の類似は顕著であり、そこでの辞令もほとんど同じである。	20	3
22	歳徳神の御姿	春ごとに来る年の神を商家では福の神、農家では御田の神という人が多い。それら利害の一致しない家々のために庇護を与える神は、先祖の霊しか考えられない。神を機能によって特化したり、全国普遍の存在とするのは仏教からの影響であろう。また歳徳神の姿については、弁才天女のような例外もあるが、多くは福禄寿などの老人の姿であり、このような点から年神は我々の先祖であったと想像される。	30	12
23	先祖祭の観念	先祖に対してと同様に、先祖祭に関しても人により理解が大きく異なる。仏教のような年回忌日の考えでは、人は亡くなってから長期間浄土に往生できない。しかし、大昔の我々は、むしろ毎年ときを定めて還ってくると考えていた。この論考で力説したいのは、日本人の死後の観念が、霊は永久に国土のうちにとどまり遠くへは行かないという信仰であることだ。このような観念は、正月と盆のならわしに無意識に保存されている。	19	6
24	先祖祭の期日	先祖祭を今後も続けるためには、先祖祭の期日と先祖の祭り方について知る必要がある。先祖祭の期日をいつにするかは、特に家が旧くなり、祭らねばならぬ霊が多くなると、次第に定めがたくなり、祭り方も簡略に粗末になる。仏教の年忌などは改悪といえるものであり、すでに我々の間にあった子孫が集まり一定期間過ごす風習に対して、特定の個人の記念に傾注したため、他の多くを粗略にする結果となった。	21	7

25	先祖正月	以前の日本人は、ある年限をすぎると先祖の霊は一つの霊体に融け込むと考えていた。巻の本家、一門の中心で営まれる毎年の先祖祭はそのような考えにもとづく。この先祖祭の期日については、詳しく検討する価値がある。春秋の彼岸に墓参をする風習も先祖祭の一つだろう。正月の前後に行われる例として、薩摩から奄美にかけての七島正月が注目される。ここでは旧暦の一二月朔日に子孫が集まり神との直会をし、親玉祭といわれる。	18	7
26	親神の社	オヤは元来先祖のことであり、家の氏神をおや神というところも多い。月の朔日を一月のはじめとする暦法が普及した後でなければ七島正月も起こり得なかった。朔日は月の最も目立たぬ日である。また朔日に公けの行事が集中すると、一家の私事である先祖祭はその後に行われ、正月が二つに分かれたと考えられる。そのような例は各地にある。そしてその折に墓所を拝み、村の氏神社に集って群飲する例もある。	23	8
27	ほとけの正月	正月一五日の晩を神の年越や仏の年越という地方も多く、それを一日ずらすところもある。そして一六日は今も多くの土地の祭の日になっており、越後ではこれを「後生はじめ」という。正月松の内を避けたのは、その式が仏教くさかったためであろう。仏教における成仏は先祖の霊を遠くへ送り付けようとするものであり、肉体は朽ちても国土との縁は断たず、毎年日を定めて子孫の家と行き通い、子孫を見守るという日本人の志には反していた。	19	5
28	御斎日	東京では古くから盆と正月の一六日を御斎日という。斎日の元になる日本語は「ときの日」であり、一年中の最も重要な時期を示していた。先祖祭の正月一六日を「とき日」という地域もある。「三とき五節供」という地方もあり、そこでは一、五、九月などの一六日を祭日とする。その場合、田植と収穫の時期に対応すると考えられる。盆も本来は明朗な祝いの「とき」であり、離れて暮らす若者が、生きている親のみたまに相対する日でもあった。	24	6

29	30	31	32
四月の先祖祭	田の神と山の神	暮の魂祭	先祖祭と水
正月と盆は春秋の彼岸と同様に、古くは一年に二度の時祭で儀式も趣旨も同じであったろう。更に別の先祖祭の期日として、越後には四月一五日と九月二三日に巻の先祖祭を行う地域がある。祭日を四月一五日としたのにはそれだけの動機があろう。この時期に先祖祭を行う地域は多く、背景には年と稲作の関連、および初夏の満月の日を年のはじめと見ていたこととの関わりがあり、そのうえで公けの正月と分離して保存されたと考えられる。	家の成立には土地が唯一の基礎であった時代があり、稲が君と神に捧げる特別の作物であったことから、「御田の神」は正月の年神とともに、祭る人々の先祖の霊であったと想像される。日本中の農村には、春に山の神が降って田の神となり、秋の終わりには山に還り山の神になるという伝承がある。特に、二、三月ころの祭日は、苗代の支度にとりかかり、人心の最も動揺し、先祖の霊を待ち望むときに対応したと考えられる。	近世以前から、魂祭を年の瀬に行う習慣はあった。一方、古い様式として正月様が元日の卯のときに帰る地方や、正月最初の卯の日に戻ると伝える地方もある。年の神の逗留が短いことは、先祖祭を正月全体の儀式から切り離そうとした傾向を示し、この神が本来は祖霊であった証拠の一つと考えられる。新しい暦法は慣行との折り合いにまでは干渉せず、地方が自由に変更できたため、魂祭が先祖祭であることが忘れられた。	盆の魂祭にくらべて、暮から新年にかけての行事が単純なのは、作法の一部が一般の新年行事へ織り込まれたからであろう。魂祭の際に米と水を供物とする風習は日本独自のものであり、水と米が先祖の霊を故土につなぎとめる最も有力な絆であったためと考えられる。暮の魂祭において水のもてなしが略されてしまうのは不思議に見えるが、若水迎えのような行事は魂祭の時刻に先立って行われていたと考えられる。
21	24	15	19
11	4	5	6

33	みたまの飯	暮の魂祭だけを他の一般の正月行事から引きはなそうとするのは新しい試みのようであり、両者が分かれていない地域もある。しかし、魂祭に用意する「みたまの飯」は、仏壇に上げる例が最も多い。そして供えてから仏壇の戸を閉じ、正月三日間は開けずにおくことが多い。その後は地方により異なるが、雑炊や粥に入れ正月中に食べることから、新年の式の一部と考えられる。	14	2
34	箸と握飯の形	この習慣については、細部での違いが著しい。みたまの飯の形は、折敷に盛り上げるものや握り飯にするものがあるが、そこにも個数や形状の違いが多くある。ただし共通するのが、それに箸を刺すことである。その理由については、特に高く盛り上げることで共用の食物ではないことを示すためであり、箸を刺すのはそれを更に明示するためと考えられる。	17	7
35	みたま思想の変化	みたまやみたまの飯は本来、全く不吉なものではなかった。みたまの飯の習俗が地域ごとに様々な違いをもつのは、元は一つの行事が少しずつ変化したためと考えられる。極端な例としては、新しく喪のある年の正月に祭を行わないところと、逆に行うところがある。しかし飯の形状から元は一つと考えられ、祭に対する考え方が正反対になったと想像できる。	25	6
36	あら年とあら御魂	喪の穢れを忌み嫌う感覚は、著しく衰退してきた。それでも正月だけは、喪のある家の者は行事に参加はしない。ただしそのような家でも、みたま祭はしている。魂祭は元々二種類あり、新しいみたまは「あらみたま」とよばれる。これは元々「荒」という意味であり、和やかな先祖祭にはまだふさわしくなく、特殊な祭の習わしを必要とするものであり、年越の日の荒年の祭は仏法以外の習わしを保存しているものであった。	31	6
37	精霊とみたま	祭る対象を、新年には「みたま」といい、盆には「シュウロ」「精霊さん」とよぶが、これらは元来同じものをさした。みたまは上代からの正しい日本語だが、これに適した漢字がなく、ときに「御霊」という文字があてられていた。しかし「御霊」は後に祟りをなすものとされたため、この文字を先祖のみたまにあてることはできなくなり、「みたま」には適当な漢字がなくなった。	29	4

38	幽霊と亡魂	精霊という語も、元々は新しい御霊でないもの、通常の「みたま」を表示する語であったが、次第に家々の先祖と似つかわしくないものとされていった。「幽霊」や「亡霊」という語も、はじめは「みたま」の代わりに用いられたと考えられるが、次第に浮かばれぬ霊を指すようになり、先祖とは関係のない「亡魂」なども「みたま」の中に包括されるようになって、盆祭の思想を複雑にしている。	20	11
39	三種の精霊	現在の盆の精霊には、三通りのものが含まれる。一つは家の先祖であり、次は、過去一年間に世を去った「アラソンジュ」「新精霊」等とよばれるみたまである。更に、外精霊というのは、家のみたま以外の霊が集まってくるもので、わが国固有の先祖祭思想への新しい追加といえる。この外精霊の解釈や扱いについては様々であり、常識といってよいものはない。	21	2
40	柿の葉と蓮の葉	外精霊（無縁仏）をどう考えるかが定まらず、あるいは同じ無縁仏の中にも区別があること等は家々にとっても不幸であった。また、無縁さまに供する食物には柿の葉や蓮の葉が使われており、いわゆる本仏との間に境を設けようとしていた。供え物の卸しについても、それらは家の者で後に分けて食べることはしなかった。	23	6
41	常設の魂棚	精霊棚を毎年の盆祭のために作るという風習は多くなく、仏壇が本来常設の魂棚の役割を果たしていた。それなのに盆だけの魂棚を用意するのは、以前新しい棚をこしらえて祭る場合があり、そこから精霊棚が盆に限り営む行事とされたためと考えられる。そのような地域では、盆の期間中仏壇から位牌を取り出して、新しい精霊棚に安置する習慣もある。	16	7
42	仏壇という名称	人が亡くなるとホトケとよばれ、常設の魂棚が仏壇であっても、盆は仏教が日本に入ってから後にはじまった行事ではない。また、死後に戒名を仏教が与えることは、祖先の個性を保つ点で、祖霊の融合単一化とは両立しがたい。更に問題なのは、家々の先祖祭が仏式の作法や理解におされ、祭を春秋の皇霊祭の日に振り替える等のことから祖霊を粗略にする傾向が見られる点である。	17	6

43	盆とほかひ	盂蘭盆会の名称の由来は梵語や漢語の音読みといわれているが、日本の両端に認められる「ホカイ」がそれより以前の日本語であったと考えられる。土佐などでは盆の夜に家の門に焚く火のことであり、その下に洗米や茄子の細切りなどを供える。また北東北では墓前にほかい棚を作り、そこに敷物を敷いて料理を供える。祭の後は食物が散らばり、貧民がそれを取り去ったため「ホカイ」を乞食のことと解する人もいる。	28	5
44	ほかひと祭との差	ホカイとマツリは日本の言葉として同じものかどうかを、盆の由来を知るために検討する。ホカイは飲食の機会、狩猟、漁業、農業等の場面で行われ、志す一座の神または霊に供御をすすめる式であり、周囲に不定数の参加者を予期している点でマツリと異なると考えられる。また、ホカイは、無縁仏、外精霊などの思想の日本由来のベースだったのではないか。	32	6
45	瓮も行器	外居（ホカイ）は漢名を行器とも書き、食物を家から外に運ぶ木製の容器である。ホカイが木製の行器に限るようになった以前、土器によるホカイがあって、それを盆または瓮（ぼん）と書いていたのではないか。鎌倉時代までの瓮は形状も用途も缶（ほとき）というものに近く、お盆のような扁平なものだった。	17	6
46	ホトケの語源	死者を皆ホトケと呼ぶ由来は、ホトキという器物に食饌を入れて祭る霊という点にあり、中世民間の盆の行事からはじまると考えられる。更に九州ではホトケが家や卒塔婆である場合も認められる。また東北では一般に法事をホトケカキといい、木に戒名を描いて納める習俗が多様に存在する。常民のホトケの多くは木の柱に文字を書いたものだった。	23	5
47	いろいろのホトケ	東北のホトケ棒を如来や菩薩と同様に教理をもった信仰の当体と見るようになったのは新しい変化である。詣りのホトケは他の地方における先祖祭や祝い神に近い。また、一〇月ボトケやおしらボトケのように春秋の御縁日にホロクまたは遊ばせると称して縁のある人が集まる例があり、更に神意の解釈として葬地をオシラ様にまかせる習俗もある。東北の風習は東北限りというものが少なく、近世期の移住者からの影響が大きい。	27	5

48	祭具と祭式	仏をホトケということは元々異名、もしくは忌詞である。外で飲餞供養する際にホトキという行器を用いるためそう呼んだ。更に、缶（ホトキ）という語は、忌まわしいものに適用されるため、これ以外の意味に用いられない。加えて、仏をサラキということ、甅（サラケ）が器物の名であること、瓫が祭の名であることもあげつつ、盆の由来が「ウブランナ」という梵語ではなく、その行事に用いる行器の名であると説く。	28	7
49	祭られざる霊	先祖は必ず子孫が祭ると考えた人々は、不祀の霊の増加を恐れ、仏教を頼み亡霊を十万億土へ送るようになった。そこで先祖祭が外精霊や無縁仏を重視するようになった。また、ホカイの十分でなかった外精霊がこの世を害するという信仰は強く、旱魃、暴風、稲の虫、疱瘡なども亡霊のしわざとされた。それらは盆の神とよばれることもあり、盆踊りの本来の目的もそれをはらうことにあった。	26	4
50	新式盆祭の特徴	盆の行事における近世以降の新たな特徴は二点ある。一つは、外精霊のためにするホカイが盆の先祖祭の条件となり、他の祭典で行われなくなったこと。もう一つは、荒忌の霊の祭を別にする動機が、新たに世を去った人の喪の穢れを、すでに清まったみたまの祭に近付けまいとするところから、無縁の遊魂と対立して、特にわが家のほとけを歓待するというものに変化したことである。	15	5
51	三十三年目	荒忌の期間、すなわち死後どのくらいの年数で家の先祖として一様にめでたい祭ができるかという点について、わからなくなりかけているのも、盆の魂祭の変化である。その期間は通例三三年であり、それを過ぎると祖霊は個性を棄てて一体になると認められていた。そして最後の法要の日は、形の変わった大きな木の塔婆を立てるというのが共通している。	34	8

52	家々のみたま棚	更に、御先祖という民間の言葉が、人により意味を異にしているのが第四の変化である。ホトケ様を祭るのが仏壇という考えによると、仏法を離れ仏壇を片付けた家は親を祭らない家となる。その場合、氏神社の境内に祖霊社を作り、亡くなってすぐの魂もここに移すことがある。仏壇を先祖棚とよびにくければ、みたま棚の名を復活させればよく、仏壇をみたま様という地域や、神棚、仏棚と別にみたま様の棚をもつ地域もある。	29	8
53	霊神のこと	神とみたまは、現在別のものと考えられている。それは、氏や産土と関係のない大きな神社に参詣して祈願をするようになった時期からの変化である。そこで人と神の間隔は遠ざかった。人を社に祭るときには、神の一歩手前である霊神の称号が中古以来付与された。また、祟りの烈しい霊ほど祈願をかなえる力もあるとされたり、明らかに人を神に斎った例もあった。かつては、今よりもっと単純な信仰状態があったはずである。	21	5
54	祭場点定の方式	神棚、魂棚などは、元来、家の一区画を祭に適した清浄な場所とするものだった。かつては先祖を祭る場所を屋外に求める必要も多かったが、祭る場所と祭られる神の地位や段階は別問題である。氏神は本来、氏先祖を祭るものであり、地方によっては家々の先祖が氏神となったと考える人も多い。しかし、それを総括的に受け入れられない事情が現れており、この点が日本の固有信仰の最も解釈しがたい問題になっている。	22	4
55	村の氏神	そこで問題となるのが、氏や苗字を異にした村民が一つの氏神を祭っている点の理解である。これは、同じ日と場所で祭をするうちに神も一つのごとく感じ、祭を合同した結果であろう。更に現在の氏神を氏の神ではないと考えた原因は、八幡、北野、賀茂、春日等、国内の大神を勧請した氏神社が多いためである。それは、汎く国民一般の信仰を背景にすることで自らの子孫を守ろうとしたためと考えられる。	21	8

56	墓所は祭場	話題を転じて、墓所が屋外の祭場であり、元は荒忌のみたまを別に祭る隔離のためであったことを述べたい。元々日本人の墓所は埋葬の地とは異なる両墓制であり、参拝に都合のよいところに参り墓を用意していた。埋葬地の礼拝は外国思想の影響である。死の連想から早く離脱して、清い安らかな心で故人の霊に対したいという願いを抱く者が昔は多かったことが忘れられている。	26	5
57	祖霊を孤独にする	仏教における生死の隔離は、日本の元来の信仰とは折り合いにくいものであり、三三回忌のとぶらい上げは双方からの譲歩とも考えられる。その後は先祖という一つの霊体に融け込み、家や国や公けのために活躍できると考えられていた。それが氏神信仰の基底でもあっただろう。また、特定の個人ばかりを拝み祭る結果は、一方で無名の同胞の霊を深い埋没の底に置くことにもつながった。	28	7
58	無意識の伝承	盆の祭に関して仏法による変形以前のありようは、無意識の伝承として年寄や女性、子どもに伝わる。子どもが虫取りやさわぐことを戒められ、大人が仕事を休むことは物忌の一つであった。また、みたまの通路として、あらかじめ草を刈りおき、様々な種類の木の小枝によって精霊を迎える風習がある。更に歳の暮の詰町に出てみたまを迎える例もあり、これは今後の研究課題となろう。	24	5
59	このあかり	盆の一三日の魂迎えの作業も、まだ仏教の圏外にあるものが多い。迎え火を焚く場所については、各自の家の門口のほか、近くの岡の頂上や墓前の例もある。そしてその火を見て人々は招魂の辞を唱える。その歌詞は様々であるが、「この明かりを見ていらっしゃい」という主旨のものが目立つ。このような辞が毎年繰り返されていたとすると、それは古来農民の考え方の上に大きく働いていたといえるだろう。	18	5

60	小児の言葉として	盆の訪問者である先祖の霊の呼び名について、年寄りたちは小児に親しい名前を考えていた。先祖を統括した単純な呼び名である、ノンジイ、ノンバアやノウノウ等には、先祖に話しかけた名残も認められる。また盆の折に先祖を背負う真似をしたり、紋服を着て改まった送り迎えの挨拶をすることもあった。これらは子どもたちに昔を考えさせる機会だったといえる。	27	9
61	自然の体験	ご先祖になるということは、年に一回は戻って来て、子孫後裔と共に暮らし得られることを意味する。この信仰は、幼少期からの自然の体験として父母や祖父母とともに感じてきたものであり、人の生涯を通じて家の中で養われた。また、件の期間、家を平和に保つことがみたまを迎える大切な条件であることを、人々は様々な話の形にして言い伝えていた。	15	2
62	黄泉思想なるもの	霊魂の行くえについては、民族ごとに様々な考えがある。我々の精霊さまは毎年確かな約束があって来られ、決してよその家には行かない。しかし仏教はそれとは全く異なる。そのような異質な考えが折り合った結果、盆の月の朔日を地下で地獄の門が開く日としている地域もある。地面の下に霊がいると考えることで地獄に降りる者も多くなった。	26	8
63	魂昇魄降説	そのような内外思想の妥協説の一つとして、魂魄二体の分裂を述べる者もいた。そこからは、そのようにしてまでも、生きた人の社会と交通しようとするのが、日本人における先祖の理解であったことが窺われる。この曠古の大時局に直面して発露した生死を超越した殉国の至情には、年久しく培ってきた社会制度や、常民の常識が大きな働きをしている。	26	7
64	死の親しさ	日本人の多数は、元は死後の世界を近く親しく感じていた。その理由としては、死してもこの国の中に霊がとどまると考えていたこと。顕幽二界の交通が繁く、一方の志しで招くことが容易と考えていたこと。生人のいまわのときの念願が死後には達成され、そこで子孫のための計画が立てられ、再度生まれ替り、同じ事業を続けられると考えていたことがあげられる。そのような形で亡くなってからのことに関する確実な常識が養われていた。	16	8

65	あの世とこの世	「あの世」の場所に関して、目に見えないが招けばやってきて、自ら進んで人に近づくこともあるという考え方がある。これは平田篤胤や隠世の思想と同様である。また、神社に神が常在するという考えも、このような系統の信仰の推移かもしれない。しかし古人はそのようには考えることができず、霊を拝する日の慎みを容易ならぬものと思っていた。	27	5
66	帰る山	無難に一生を過ごした人々の行きどころは、この世のざわめきからは遠ざかり、かつ具体的にこのあたりと望み見られるような場所でなければならぬ。霊山の崇拝も仏教がこの固有信仰を利用したものと思われる。春は降り冬は昇る百姓の守護者が遠い大昔の共同の先祖であり、卯月八日の山登りという風習や、霊が死後の年数と供養により順番に麓から頂上に登り神になるという信仰もこれと関係する。	14	4
67	卯月八日	旧暦四月八日を大祭の日とした神社は多く、背後の霊山の崇敬を負うている御社もある。山宮と里宮があり、順次二所の祭を行うことはもちろん、神渡御の儀式により、臨時の祭場に御降りを仰ぐという感激を伴うものがこの祭には多い。東国の赤城山でもこの日に山登りが行われている。四月に先祖の祭をするという習慣は、年末のみたまの飯よりも更に古い慣例だったと考えられる。	15	8
68	さいの川原	山中にある「さいの河原」という地名は、古くからの日本の思想に由来すると考えられる。この地名の場所には小石を積み上げた石の塔が多くあり、そこは死や死者を考えさせられる関門の地であっただろう。「さい」は人里の外れという意味をもつほかに、この世とあの世の境でもあり、道祖神（さえのかみ）の「さえ」と同じである。多くの霊山の登り路にこのような地が残っているのは、むしろ仏教を離れた現象だと考えられる。	29	5
69	あの世へ行く路	羽後の飛島のさいの河原は、村々の埋葬地とは別に島の人たちが死んでから行くところとなっていた。この河原と相対して海中に大きな岩があり、更に正面には鳥海山が眺められ、精霊がこの浜から渡っていくと考えられていた。また、人が亡くなるときに河原の方へ歩いて行くという言い伝えも多く残っている。岩手では死者の霊の行くところをでんでら野とよび、死者の登って行く山中の高地をさす例ともなっている。	21	4

70	はふりの目的	亡骸に関して、常民の多数は保存よりも速やかに消すことを考えていた。山の奥や野の末に送って置いて来ればそれで済んだのである。そのような慣行は、魂が身を去って高い峰へ行くという考え方と関係があったであろう。それはまた、卯月八日の岳参りや山の神が春のはじめに里に降り作物の生育を助けるという信仰の元にもなった。霊は国土を離れることなく、この国を愛していたのである。	34	10
71	二つの世の境目	さいの河原の石積みは、喪の穢れの終止点であり、神々の清浄地へ登り近づいていく第一歩であった。それは古い世の信仰の痕跡であり、巷間の地獄物語のかりそめの適用ではない。しかし次第に、あの世は遥かな地平の外にあるものだと想像する人が増え、相互の往還ということが忘れられていった。それは死を行きて還らぬものと考えることであり、別れの悲しみは先祖たちの世に比べると何層倍にもなった。	20	6
72	神降ろしの歌	東北地方のイタコによる神降ろしの歌は追分節に類似している。この民謡は信濃の追分からはじまり、越後の海岸から北海の船乗り歌となった。一方、南大和の霊山に羽黒の旧信仰を運んだ巫女の歌にも同じメロディがある。我々の祖霊が高山の頂上に常留すると信じられた時代から、節まわしの同じ歌により霊を家に招く習慣が国の半分に行きわたっており、それは元来、卯月八日の山登りの日にみたまとともに降りてきたものと考えられる。	22	6
73	神を負うて来る人	馬で山から神霊を迎えることは多くの祭に伝わっており、お産が長引くと馬をひいて山の神を迎えに行く地域もある。また、村で草分けといわれる旧家の氏神にも、初代の主人が神霊を背負って来たという口碑がある。そこでは形のある御霊代はなく、本人の感覚だけが確証をなしており、馬方や口寄せの歌とこのような感動の間には何か脈絡があったかもしれない。そのような歌が哀れな節をもつのは、元々招魂の曲だったからではないか。	17	10

74	魂を招く日	新時代の法制では宣託を公認していないが、憑依（よりまし）業者の進出は、幾分か霊と人との交通を繁くした。ただし口寄せが職業化していった結果、むしろ死霊は安静に祖神となるのを待つことができなくなった。口寄せは、盆の七日や一六日に多く行われており、その起源は魂迎え、魂送りだったと推測できる。その後、期日を定めず村里を歩き要望に応じる巫女が現れ、不慮の死や死後一定の期日にほとけ降ろしをする風習も広まった。	27	6
75	最後の一念	臨終の様子を知った者がいない場合に口寄せを語らせるという心情は、人の最後の一念が永く後の世に跡を引くという考えによる。一方、一般的な幽霊とは異なり、正しきを貫き、尊い事業を完成させるために化けて出た亡魂も多い。壮齢にして世を去る人々の志を後代に遺す方法は色々と昔から求められており、辞世などもその一つである。	21	5
76	願ほどき	この三〇〇年来の宗旨制度により仏教一色にされた後も、これに同化し得ない部分が死後信仰の上に残っている。そこで新しい話題として、願もどし等に注目する。これは、葬式のすぐ後に死者のそれまでの祈願を撤回する式であり、神様の節度・統制の外に出ようとする目的と考えられる。そしてそれらは、家々の信仰現象であると同時に、民族としての共通点をもつものであった。	28	5
77	生まれ替り	顕幽二界が日本では近く親しかったことを説くために、最後に重要なのが「生まれ替り」の信仰である。日本には元々六道輪廻のような思想や、死後の個人格はない。大きな霊体に融合し、神と祭られるようになると生まれ替りの機会はないらしい。また生きている間でも魂は遊離し、特に小児は魂が生身を離れやすく、土地の神によって魂が入れられるとする地域もある。	16	7

78	家と小児	日本の生まれ替りの第二の特色は、魂を若くするという思想の存在である。小児の生きみたまは身を離れやすく、容易に次の生活に移行できると考えられていた。小児が亡くなった場合、その生まれ替りを早くするための風習がある。それはまた、一旦の宿りどころにより、魂自らの生活力が若やぎ健やかになると考えていた結果と推測される。一方、長く生きた人の魂が再び新しい身体をもつ期間は、没後三三年のとぶらい上げであった。	21	6
79	魂の若返り	わが邦の生まれ替りの第三の特徴は、最初は必ず同一の士族、血筋の末に現れると考えていた点である。祖父が孫に生まれてくるという考えや、勝五郎再生談のように自分が生まれ替りであることを覚えており、それを周囲が信じたということもある。子を大事にするという感覚には、遠い先祖の霊が立ち返っているかもしれないという考え方が伝わっているともいえる。	26	5
80	七生報国	七生報国という願いは、この世とあの世が往来可能で生まれ替りができると考えるからこそ可能になる。そしてそれは至誠純情な多数の若者によって積み重ねられた。また、そのような志は罪業深き悪念と見られた時代もあったが、久しい間それは仰慕されている。先祖代々くりかえし、同じ一つの国に奉仕できると信じられたのは幸福である。	18	4
81	二つの実際問題	この論考を執筆した理由は、第一に、行く先の土地に根を生やして、新たな家を創立しようとする人が増えているため。第二には家とその家の子なくして死んだ人々との関係を考えねばならないためである。古来日本では非血縁の者に家督を継がせる習わしが発達しており、国難に身を捧げた者を初祖とした家ができることも、固有の生死観を振作させる一つの機会となり得よう。	25	10

終章

各章の検討で得られた成果を簡潔に列挙していこう。

第一章では、『後狩詞記』『遠野物語』『石神問答』に共通する構成面の特色に注目した。具体的には、各テキストがもつ「編者」の言葉と理解できる部分と、それに後続する資料紹介的な部分との関係を分析し、前者の部分がもつ後者に対する理解の不完全さを明らかにした。それは、不完全であるがゆえに、後者の部分へ読み手が主体的に関与する余地を保持するものである。そのようなテキストの作られ方は、同時代の文学――特に自然主義小説において確立された、語り手が自らの創作世界を事後的な立場から統括的に提示する表現機構と対照的なものでもあった。と同時に、このような三部作がもつ表現面の特質は、明治後期に転換期を迎えた「海外移民」をめぐる動向と接点をもつものであり、「現在」の「日本」で認められる新しい課題を、同時代において検討されるべき課題として提示するものとして意味付けられた。

第二章では、『山島民譚集（一）』の特色が、ある伝説の変遷に関して、それを複数の伝承や信仰の相互関連によるものとし、かつそれらの連関を偶然的なものとしつつ、更に巫祝や呪術に関わる職業者による媒介を含む特定の条件のもとで展開したものとして記述する点に求められることを、その論説形態の検討から明らかにした。そのようなテキストの特質は、日露戦争以降、愛国心や郷土愛の涵養が要請される状況を背景として行われた伝説蒐集事業や、芳賀矢一における国民性の究明を目的とする伝説研究の傾向とは異なり、伝説の過去と現在と未来の間に、いわば継続する本質を保証しないものである。そのような言説は、「日本」における歴史的な事象を対象としつつ、過去と現在の間の同質性を前提とする愛国心や郷土愛の涵養へと短絡的には収束しない、広義の文化史に関わる研究領域を開拓する試みとして理解できる。と同時に、その試みが読み手の側の理解の速度を低減させ得る文体と内容（構成・展開）で書かれた点に、このテキストの特質を見出すことができる。

第三章では、一九二〇年に『東京朝日新聞』に掲載された「豆手帖から」と「秋風帖」を分析対象とし、共通する表現傾向を抽出したうえで、その傾向がもつ意義を明らかにした。その意義は、対象がもつ複数の側面や性格に関する記述の蓄積を通じて、一方では読者の関心を広く喚起しつつ、他方では読者における当初の関心とは異質な視点をも担保しながら、読み手に新たな水準のものの見方や思考法を獲得させようとする点に求められた。そのような傾向は、文化全般にわたる「大衆化状況」を前提としつつ、しかし娯楽や物見遊山のための情報や、既成の確定的な知識を読み手に与えようとはしないものである。重要なのは、柳田の試みが、対象がもつ複層性に関して読み手がそれに自ら気づき、そこから自発的な思考を展開する余地を確保する点である。そのようなことを可能にする表現は、テキストが読まれる時点とその先の時点との双方にわたり読み手に対する効果を保つものでもある。

第四章では、一九二一年に『東京朝日新聞』に掲載された「海南小記」を対象とし、第三章と同様の問題意識および時代背景に関する理解のもとで検討を行った。「海南小記」において独自な表現傾向としては、各節で主題としている旅先に関わる対象が、「外」へのひろがりや、「外」との関わりとともに描かれている点をあげられる。そのうえで「海南小記」がもつ意義については、新しい文化の受け手や担い手に対して、島や「日本」に対する考え方を、普遍的な国際秩序の模索期という点でアクチュアルでもある事柄として、ただしあくまでボトムアップな表象のスタンスから、時間的にも空間的にも固定的ではないものとして示した点に求められた。それは、土地と人間、更には文化の関わり方を所与の確定的なものとするのではなく、その点において読み手の側に継続的かつ主体的な思考を促し得るものであり、それらの関わり方に新たな事態をもたらす、ときには何かを変革していく主体性の涵養や促進をもたらし得るものだといえる。

第五章では、『蝸牛考』の表現傾向が読み手に対してもち得る効果を明らかにすることを試みた。まずは、全二〇節の内容を要約し、そこから二つの文脈を抽出した。一つ目は、「蝸牛」の方言名称について、いくつかの領域を確定し、その前後関係に言及する節群であり、二つ目は、新語が登場する要因や発生・展開のプロセスに関する事柄をとりあげる節群である。そのうえで、前者に対する後者が、前者の議論を詳細なものとするための散発的かつ補足的な情報群と考えられることを論じた。しかし最終節において、それまでの論述の時系列が逆転されることから、後者の指摘内容が、新語の登場に関わる事象の反復的な現れを示すものとして意味付け直される次第を明らかにした。そして、そのような論述は、新語の創出をめぐる機構を読み手に自覚させ、自らをその当事者とすべく促す効果をもち得ることを論じた。と同時にそれは、一九二〇年代後半から三〇年代にかけての普通選挙の準備や実施と接点をもつものでもあった。

第六章では、『先祖の話』がもつ表現機構の特質を掘り起こし、このテキストがもつ性格と意義を改めて見出すことを目的とした。まずはじめに問題設定と研究史の整理を行い、続けて匿名の先祖への融合に関する記述を基軸としたテキストの構成把握を行い、『先祖の話』がもつ、予め明示されない構成を明らかにした。更にテキストの行文がもつ非断定的な性格の強さを検証したうえで、『先祖の話』と同時代言説との関連を検討し、このテキストが「神」と「家」の問題に関して時流と関わりを保ちつつ、しかしその渦中からは距離を確保することを確認した。以上の検討を総合すると、読み手の能動性が発揮される余地を保ち、読み手に思考と発話の主導権を譲りつつ、これからの実践につながる思考の当事者となるべく促す点に、このテキストの性格と意義を新たに求めることができた。

なお、そのような検討成果を列挙することで認識可能になる事柄として、第一、二章では、表象や伝達の「透明性」に対する柳田の批評意識が感受できるのに対して、第三章以降はそのような意識が前景化せず、むしろ表象や伝達の「透明性」に依拠しながら、それを効果的に活用する方向で自らの企図を実現するテキスト構成を指向したことも窺われる。そしてその背景として、第二章までと第三章以降では、一九二〇年代の「大衆化状況」を契機として、柳田が想定する読み手に関してその内実（読者層）が変化したことも推測できるだろう。

以上、本書では、冒頭で提示した二つの目的——柳田國男のテキストを表現論の観点から分析し、柳田のテキストがもつ、発表時の時代状況を背景に抱えた読み手へのはたらきかけを明らかにしていくこと。および、そのような検討を積み重ねることで、柳田のテキストに対して表現面からアプローチすることの有効性と可能性を示すこと——に従い、それを達成すべく各章での検討を積み重ねてきた。その成果が右のようなものとなる。

更に、各章で検討したテキストに共通する性格として、完成よりは未完成を、決定よりは非決定を、確定よりは可変性を、完結よりも流動を、過去とこれまで以上に未来を、教示よりも議論の端緒を指向する傾向を指摘できる。それらの性格は読み手を触発し得るとともに、これから先の思考の発展を読み手に委ねるものであり、本書のタイトルを『語りかける柳田國男』とした所以もそのような点に存する。と同時に、そこからは、「書くこと」の意味を、表現を通じて読み手と時代状況に関わる点に見定め、様々な対象をとりあげながら、一貫してその営みを継続した――自らをその営みを担うに足る主体だと認識する点についても、おそらくは揺らぐことがなかった――書き手の像までが浮上するのではなかろうか。

加えて、本書が検討してきたようなテキストの特色は、テキストの発表時のみならず――書かれたもの／再読可能なテキストが、書き手の意図や発表時の時代状況を超えて読まれる可能性を常にもつがゆえに――今日とこれから先においても、発表時と共通性をもつ時代状況、あるいは発表時とは全く異なりつつもテキストとの新たな接点をもつ新たな時代状況との関わりの中で、継続する可能性までを保持するだろう。柳田のテキストがもつ表現面の特質が発表時の時代状況と接点をもつことを個々の事例に即して掘り起こし、本書各章のような読解を重ねた結果として、以上のような理解を生み出すことができる。

そこで、そのような成果をふまえたうえでの今後の課題に目を転じると、以下の点をあげることができるだろう。

まず柳田國男研究を精緻化していく方向での課題として、第一に、柳田が残した他のテキストを更に検討の対象とすることがあげられる。特に、柳田の代表的テキストとして見逃せない、『明治大正史世相篇』（朝日新聞社、一九三一）や「海上の道」（『心』五巻一〇～一二号、一九五二）、および

『民間伝承論』(共立社書店、一九三四)等の民俗学の理論書。更には「国史と民俗学」(『岩波講座日本歴史 一七』岩波書店、一九三五)や『神道と民俗学』(明世堂書店、一九四三)等の検討が、柳田の活動の全体像をより確実なものとして提示するためには、当然必要な作業となるだろう。それらは、これまで民俗学はもちろんのこと、歴史学や思想史学、および社会学の方面から関心を向けられてきたテキスト群ともいえる。加えて動植物や環境をとりあげたテキストも、今後改めて注目されるべきと考えている。続けて第二には、新たなアプローチ法が必要なテキストへの対応である。これは、テキストの中に章、節等の区分が明瞭には示されていないものや、既発表の論考の集成となっている著作を分析する際の方法論的な整備ということになる。更に第三には、一九三〇年代以降に刊行された民俗学の理論書で多く認められる、共著や編著の著作をどのように分析できるか、という問題もある。加えて第四には、柳田の文章に関して、更にミクロなレベルでの、例えば一つ一つの文を対象とした文体分析やレトリック分析を検討方法として取り入れることである。かつて「連環想起的」とも評された柳田の文章の特徴を正面から論じるには、このような方法を、本書で行った構成論といえるアプローチと併用していくことが有益なのではなかろうか。

一方、より広い研究領域の開拓につながり得る方向での課題として、第一に、個々の柳田のテキストに関して、なぜそのタイミングにおいて、固有のテキスト形態のもとに、その対象がとりあげられたのか、を考察することがあげられる。即ち、本書が検討してきたように、柳田の著述活動においては、表現を通じた時代状況への関与が一貫して認められ得るとしたときに、今度はそのような視座を検討の出発点とすることで、柳田の活動の展開を見直すという試みである。そのような試みを重ねることで、これまで「新国学」や「常民」の学の確立に向けたものとしてまとめられることが多かった柳田の文筆活動の足跡を、より微分化した形で、かつ様々な動機や要素が錯綜するものとして――テキストが発表されるたびごとの、時代状況へのはたらきかけの連続として――とらえ直すことも可能になるのではなかろうか。そしてそのような営みは、柳田の残したテキスト、そして仕事を、現代においてとりあげる意味や、それをどの部分に関してどのように受け継いでいくべきかを――継承しない可能性も含めて――継続的に考えることにもつながると思われる。

そして第二には、テキストを、言葉を通じた同時代とそれから先へのはたらきかけとして理解する立場を選ぶことから、単一の学問領域に必ずしも限定されない研究の可能性を、自分自身の研究成果をも具体例としつつ模索していくことがあげられる。そのような試みは、例えば民俗学の研究に関しては、学問の胚胎から発生の時期における動向に光をあて、その領域がもち得た初発の可能性を発掘し得るものであり、文学の研究に対しては、研究対象の拡大（あるいは再認識）と、文学に関する評価軸の再検討を提起し得るのではないか。多くの学問領域にわたる波及性を保つ柳田國男の著作は、その検討に携わる者に対して、そのような生産性を内包していると考えられる。

あとがき

最後に、柳田國男研究に論者が関わりをもつようになった契機や、その後の経緯について記しておきたい。

柳田國男への当初の関心は、『蝸牛考』の著者という点にあった。これは、論者の大学院博士課程における研究テーマが、日本近代文学における〈方言〉使用と、それをめぐる諸問題の検討であったことによる。そのような研究を進める過程において、特に昭和期に新たな方言認識を提示した論者としての柳田に注目し、その論説を読むようになった。

柳田に関する見解をはじめて人前で発表したのは、大学院における中山昭彦先生のゼミにおいてである。このゼミでは、近代文学を都市やメディアの観点から考察することを基本テーマとしていたが、その中で『蝸牛考』とそれをめぐる状況に関する発表をする機会をいただいた。その際に行った調査や検討が、本書の発端の一つとなっている。その後、博士論文やそれに関わる個別の研究論文の中で、部分的に柳田の論説を引用することを続け、柳田に関する論者の関心も、方言論のみならず、昔話論、虚構論、山人論等へ広がっていった。そのうえで柳田の論説をメインテーマにした論文をはじめて発表したのは、山﨑正純先生のよびかけにより立ち上げられた文学同人誌上であった。論者自身は同人ではなかったが、執筆のお声かけをいただき、論文のテーマ、分量ともに自由という条件のもとで書くことができた。この論文が、本書の第一章にあたる。

そのほか、『蝸牛考』に関する検討（本書第五章）については、国語学、日本語学領域の査読を受けることを希望し、また『山島民譚集（一）』と、「豆手帖から」「秋風帖」に関する論考（本書第二章と三章）については、民俗学領域の査読を受けることを望み、それぞれ関連雑誌に投稿したものである。一方、二〇一八から二一年度にかけては、「柳田国男の表現構造がもつ現代的意義の発掘——言語観・文章構成・同時代状況への関与」（科研費基盤研究C　課題番号18K00285）という研究課題に従事した。本書の第三章と六章は、当初、その研究成果の一部として発表されたものとなる。

本書の出版に際しては、北星学園大学学術出版助成をうけた。
出版に至るまでの過程では、北星学園大学後援会と北星学園大学社会連携課の方々、そして森話社の大石良則氏に大変お世話になった。記して感謝申し上げる。

二〇二三年八月

宮崎靖士

初出一覧

序　章　書き下ろし

第一章「柳田国男初期三部作における「編著」としての構成をめぐって——『後狩詞記』から『遠野物語』『石神問答』へ」(『論潮』五号、論潮の会、二〇一二、一～二四頁)

第二章「柳田國男『山島民譚集（一）』論——その論説形態と同時代状況との接点をめぐって」(『現代民俗学研究』七号、現代民俗学会、二〇一五、四三～五八頁)

第三章「柳田國男「豆手帖から」と「秋風帖」の表現形態をめぐって——『東京朝日新聞』紙上における試み」(『現代民俗学研究』一五号、現代民俗学会、二〇二三、一～一六頁)

第四章　書き下ろし

第五章「柳田国男『蝸牛考』論——新語の創出をめぐる当事者化への試みとして」(『国語国文研究』一四四号、北海道大学国語国文学会、二〇一三、三三～四四頁)

第六章「柳田國男『先祖の話』論——構成・表現・同時代状況」(『北星学園大学文学部北星論集』五九巻一号、北星学園大学、二〇二一、九八～一一二頁)

終　章　書き下ろし

初出論文からの修正は、論旨の変更がない範囲で、最小限にとどめた。

フランス言語地理学　187

ま
舞の本　138
幻の国策会社　53
マレビトの構造　226
万葉集　84, 101

み
民俗学とは何か　188

む
武蔵七党系図　234
村の祭祀　225

や
柳田国男　52
柳田国男伝　93, 118, 122, 128, 155
柳田国男と文学　9
柳田国男と文化ナショナリズム　155
柳田国男と琉球　9, 155
柳田国男の思想史的研究　188
柳田国男の民俗学　9, 226
柳田国男の民俗学構想　47, 188
柳田国男の読み方　9, 156
柳田国男論集成　117, 154
柳田国男を読む　9
大和物語　139

よ
〈弱さ〉と〈抵抗〉の近代国学　229

り
琉球古今記　157
琉球神道記　39, 139
琉球大観　162

れ
歴史社会学の作法　189

ろ
ロジカル・シンキング　51
ロジカルシンキング練習帳　51

わ
和訓栞　172
倭名鈔　39, 172

神道指令の研究　228
新版　南島イデオロギーの発生　54, 155
新版　沖縄案内　162
新版　柳田国男の思想　225
新編相模風土記　59, 60

せ
戦後日本の親族関係　231
仙台方言集　99, 120
全文読破　柳田国男の先祖の話　9
全文読破　柳田国男の遠野物語　9

そ
増補改訂　近代神社神道史　229
続柳田國男　122

た
大正文化　117, 154
単一民族神話の起源　53

ち
中等　国民地理教科書　日本之部　96
朝鮮農業移民論　53

て
定本　日本近代文学の起源　121, 162
テクストとしての柳田国男　9, 118
鉄道と旅する身体の近代　88, 119
伝説をたづねて　95

と
東洋拓殖会社　52
遠野物語の誕生　47
『遠野物語』へのご招待　83

な
内閣文庫百年史　増補版　86
内閣法制局百年史　53
南島沿革史論　162
南島情趣　156
南嶋探験　142, 162

に
日露戦後政治史の研究　88
日本案内記　162
日本一周　95
日本移民論　53
日本近代思想批判　155
日本語の思考法　228
日本社会と家族　230
日本植民論　53
日本地理学史論　120
日本の山水　95

は
排日移民法と日米関係　52

ひ
曳馬拾遺　59, 60
一つの日本文化論　226
描写の時代　119

ふ
フーコー（桜井）　86
フーコー（中山）　87
風土　189
ふくろうと蝸牛　83
普通教育　日本地理教科書　96
物類称呼　172

書名索引

え
江木翼伝　53

お
沖縄イメージを旅する　158
沖縄観光産業の近現代史　158
沖縄県案内　130, 131, 156, 161
沖縄県の歴史　150, 156, 161
沖縄・一九三〇年代前後の研究　156

か
怪談前後　54
カネと文学　123
観光空間の生産と地理的想像力　157
韓国併合　53

き
北蝦夷古謡遺篇　86
近代日本の新聞読者層　117, 154
近代文体発生の史的研究　122

け
言語地理学の方法　186

こ
〈国語〉と〈方言〉のあいだ　186
国際連盟（帯谷）　161
国際連盟（篠原）　161
国文学史十講　57
国民性十論　57
古社寺をたづねて　95
湖沼巡礼　95
古跡めぐり　95
「ことば」という幻影　189
孤立国　188
古琉球　162
今昔物語　84, 143

さ
薩摩と琉球　162
30の「勝負場面」で使いこなす　51
山水供養　95
山水路　95
山水写生　95
山水小記　95
山水大観　95
山水処々　95
山水めぐり　95
サンフランシスコにおける日本人学童隔離問題　52

し
宗教以前　225
白河燕談　39
新憲法と家族制度　230
人生の帰り切符は今　158
神道指令と戦後の神道　229

ふ
フーコー, ミシェル　62, 80, 86
深見麗水　131, 156
福田アジオ　9, 47, 48, 128, 155, 195, 200, 226, 227
福田晃　83
福本和夫　183
藤井隆至　52, 160
藤沢衛彦　95
藤田叙子　119
藤原魚名　232
藤原鎌足　232
藤原秀郷　232

へ
ベルニエ, ベルナール　194, 225

ま
益田勝実　92, 118, 226
松岡輝夫　52

み
南方熊楠　63
皆川勇一　52
簑原俊洋　52
宮内俊介　119
宮川宗徳　214
宮地正人　88

む
武笠俊一　93, 118
宗像和重　123
村井紀　8, 54, 128, 155, 162
村上亀齢　95
室井康成　16, 47, 183, 188

も
持田叙子　119
本山桂川　156
森謙二　194, 218, 225

や
屋嘉比収　150, 161
安田敏朗　186
柳田監物　232, 233
柳田与兵衛　233
矢野敬一　194, 218, 225
山口輝臣　214, 229
山崎将志　51
山崎直方　96
山中笑　17, 38 ～ 40, 51, 52
山本鉱太郎　94, 119
山本武利　90, 117, 125, 154
山本正秀　122
山本芳明　123

ゆ
由井正臣　229

よ
横山健堂　162
吉田茂　214
吉野作造　183
吉本隆明　8, 90, 93, 117, 118, 126, 154, 227, 230
米倉二郎　157

わ
和田千吉　51
和田謹吾　119
渡辺洋三　230
和辻哲郎　189

そ
相馬庸郎　9, 50

た
高木敏雄　82, 84, 85
高木博志　88
高須芳次郎　119
高取正男　193, 225, 230
高橋治　160
竹越与三郎　53
竹村民郎　90, 117, 125, 154
竹盛天雄　83
多田治　133, 158
田中正明　51
田中阿歌麿　95
田山花袋（録彌）　95, 162

ち
遅塚麗水　95
千葉徳爾　9
チューネン, ヨハン・ハインリヒ・フォン　188

つ
辻井生　131, 156
津田左右吉　193, 225
鶴見和子　8

て
照屋華子　51

と
東郷克美　127, 155
東郷実　53
東条操　166, 186
ドーザ, アルベール　187
利谷信義　230
鳥居龍蔵　84

な
中川善之助　230
中瀬淳　17, 20, 21
中野重治　93, 118, 120
永松敦　48
中村哲　193, 225, 230
中山元　80, 87
並松信久　49, 157

に
西田幾多郎　189
新渡戸稲造　21, 24, 49, 188

ぬ
布田虞花　156, 157

の
能登志雄　132, 157
野村純一　85
野村典彦　88, 96, 119
野本寛一　56, 60, 63, 68, 83

は
芳賀矢一　57, 58, 80, 85, 87, 252
橋川文三　8
橋本峰雄　193, 225, 230
蓮實重彦　62
長谷川政春　93, 118, 119, 127, 155
林淳　196, 226
原田敏明　193, 225

か
賀川真理　52
影山正美　196, 224
葛西善蔵　123
川平成雄　156
神島二郎　8, 118
柄谷行人　8, 47, 115, 121, 162
川島武宜　230
川田稔　183, 188
川野和昭　49
河東秉五郎　95
神田孝治　133, 157
神戸正雄　53

き
菊池寛　118
喜田貞吉　51
木下是雄　228
金田章宏　166, 186
金田一春彦　166, 186

く
久保天随　95
クリスティ, アラン・S　128, 155
黒板勝美　87
黒瀬郁二　52, 53

こ
五井信　119
小池淳一　56, 83, 224
幸田国広　118
小島瓔禮　193, 224
小島亮　188
小堀光夫　86
子安宣邦　8, 128, 155, 162

さ
齊藤純　83, 84
齋藤ミチ子　84
齋藤隆三　95
酒井卯作　9, 127, 155
桜井哲夫　62, 86
桜井徳太郎　194, 225
櫻澤誠　133, 158
笹川臨風　95
佐々木喜善（繁）　17, 25, 40, 51, 52
佐々木基成　119
笹森儀助　142, 162
佐藤健二　189
佐野和史　229

し
椎葉徳蔵　17
幣原坦　162
品田悦一　85
篠原初枝　161
柴田武　166, 186
島袋源一郎　162
島村幸一　127, 155
尚徳　141
白鳥庫吉　51, 52
施利平　231
新谷尚紀　188, 200, 227
真野俊和　224

す
菅江真澄　86, 109, 119, 121
鈴木岩弓　231
鈴木広光　167, 186, 187
鈴木満男　195, 226
住友陽文　88
隅元明子　187

人名索引

あ
赤坂憲雄　9, 128, 156, 162
赤蜂本瓦　135, 139
赤嶺政信　129, 156, 163, 195, 226
秋葉弘太郎　87
葦津珍彦　214, 215, 229
有泉貞夫　195, 226
有賀喜左衛門　193, 195, 225, 226
安藤盛　157

い
石井正己　9, 47, 56, 83, 93, 118
石川公彌子　229
石野瑛　162
伊藤幹治　118, 128, 155, 200, 224, 227
伊能嘉矩　17, 51
井上史雄　186
井之口章次　193, 225
伊波普猷　157, 162
イ・ヨンスク　189
色川大吉　8
岩田重則　196, 226, 227
岩本由輝　50, 122
岩本通弥　162, 163

う
ウィルソン, ウッドロー　149
牛島盛光　47
楳垣実　166, 186
海野福寿　53

え
江木翼　45, 53
江口圭一　88

お
及川和久　53
大河内一雄　53
大河平隆光　53
大塚英志　54
大野麥風　156, 157
大原康男　213, 215, 228, 229
大町桂月　95
大室幹雄　56, 75, 83
緒方小太郎　51, 52
岡田恵子　51
岡田俊裕　96, 120
岡部隆志　196, 224, 226
岡正雄　166, 186
岡谷公二　127, 155
岡義武　188
小川直之　119, 224
小熊英二　53
小田内通敏　96
小田亮　218, 222, 224, 230, 231
小野一一郎　43, 52, 53
帯谷俊輔　161
親泊朝擢　130, 156

［著者略歴］
宮崎靖士（みやざき やすし）
1973年北海道生まれ。北海道大学大学院文学研究科博士後期課程満期退学。博士（文学）。日本学術振興会特別研究員（PD）を経て、現職は北星学園大学教授。
柳田國男研究のほか、日本近代文学における〈方言〉使用や、日本語文学（朝鮮、台湾、「満洲」における）に関する研究業績がある。

語りかける柳田國男

発行日……………………………2023年12月8日・初版第1刷発行

著者……………………………宮崎靖士
発行者…………………………大石良則
発行所…………………………株式会社森話社
〒101-0047 東京都千代田区内神田1-15-6 和光ビル
Tel 03-3292-2636
Fax 03-3292-2638
印刷……………………………株式会社シナノ
製本……………………………榎本製本株式会社

ISBN 978-4-86405-181-1 C1039